什么是无产阶级革命

主　　编　闫　玉
副 主 编　孔德生　王雪军
本册作者　于　元

中华工商联合出版社

图书在版编目（CIP）数据

什么是无产阶级革命 / 于元编著. --北京：中华
工商联合出版社，2014.3
ISBN 978-7-5158-0862-8

Ⅰ．①什… Ⅱ．①于… Ⅲ．①社会主义革命－研究
Ⅳ．①D04

中国版本图书馆 CIP 数据核字（2014）第 036023 号

什么是无产阶级革命

作　　者：	于　元
出 品 人：	徐　潜
策划编辑：	魏鸿鸣
责任编辑：	侯景华
封面设计：	徐　超
责任审读：	郭敬梅
责任印制：	迈致红
出版发行：	中华工商联合出版社有限责任公司
印　　刷：	固安县云鼎印刷有限公司
版　　次：	2014 年 4 月第 1 版
印　　次：	2021 年 10 月第 2 次印刷
开　　本：	155mm×220mm　1/16
字　　数：	68 千字
印　　张：	10.5
书　　号：	ISBN 978-7-5158-0862-8
定　　价：	38.00 元

服务热线：010－58301130
销售热线：010－58302813
地址邮编：北京市西城区西环广场 A 座
　　　　　19－20 层，100044
http://www.chgslcbs.cn
E-mail：cicap1202@sina.com（营销中心）
E-mail：gslzbs@sina.com（总编室）

工商联版图书
版权所有　侵权必究

凡本社图书出现印装质量
问题，请与印务部联系。
联系电话：010－58302915

目 录 *Contents*

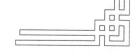

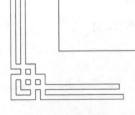

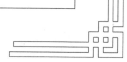

一、无产阶级革命的历史背景

马克思说："社会只是由两个相互敌对的阶级即压迫者和被压迫者构成的，只有全世界工人的团结合作才能使我们走向彻底的解放。工人的彻底解放也正是国际工人协会所竭力追求的目的。最后让我们高呼：'全世界的工人们，让我们联合起来！'"①

列宁说："资本主义和封建主义相比，是

---

① 马克思：《国际工人协会总委员会向一八六七年洛桑代表大会的报告》，见《马克思恩格斯全集》，第 16 卷，634 页，北京，人民出版社，1958。

在自由、平等、民主、文明的道路上向前迈进了具有世界历史意义的一步。虽然如此，资本主义始终是雇佣奴隶制度，始终是极少数现代奴隶主即地主和资本家奴役千百万工农劳动者的制度。"①

（一）资本家发财的秘密

根据马克思历史唯物论，是以生产方式划分历史阶段的。资本主义社会是人类社会历程中的一个阶段。资本主义就是生产资料私有制和雇佣关系。资本家通过雇佣关系剥削劳动者的剩余价值。以资本家占有生产资料和剥削雇佣劳动为基础的社会制度。随着社会的进一步发展，资本主义制度不再适应社会生产力的发

---

① 列宁：《答美国记者问》，见《列宁全集》，第 29 卷，473 页，北京，人民出版社，1958。

展需要了。这时，资本主义就必须退出历史舞台。

14 世纪至 15 世纪，地中海沿岸的某些城市如威尼斯已经出现了资本主义生产关系的萌芽，但是资本主义时代是从 16 世纪开始的。

正如伟大的革命导师马克思所说："资本来到世间，就是从头到脚，每个毛孔都滴着血和肮脏的东西。"

工人长年累月地起早摸黑，风里雨里，拼命地干活，到头来却吃不饱，穿不暖，受尽剥削和压迫；资本家成年不劳动，却过着花天酒地、挥霍无度的生活，家当越来越大。

资本家占有工厂、机器、原料和货币这样一些东西作资本，他们的资本是从哪儿来的？资本家为了骗人，让工人乖乖地受他剥削，竟编造谎言，硬说他们最初的资本是靠勤俭积攒起来的。这完全是胡说八道。资本家不劳动，肩不挑，手不提，怎能说得上勤？他们成天花天酒地，过着腐化生活，又怎能说得上俭？资本家跟勤俭这两个字根本挨不上边，怎么有可能靠勤俭积攒起家呢?

有人说资本家没当资本家以前,也有靠薪水过活的,这些人中可能有靠勤俭积攒起家的。其实,这些资本家也不是靠勤俭积攒起家的。例如,有个资本家,在他没当资本家以前,每月工资是 20 英镑。后来,他竟然办起了 3 个工厂,家财达 3 百多万英镑。如果他不靠剥削,光靠那点儿工资收入来勤俭积攒,就是不吃不穿,也得积攒 1 万多年。俗话说,人无横财不富。原来,许多大资本家原来本是官僚地主,他们的资本是在当官和做地主的时候靠搜刮民财、贪污盗窃和进行封建剥削积累起来的。又如,有的资本家是靠投机倒把、损人利己、骗取民财、贩卖毒品、制造假药、放高利贷起家的。又如,有的资本家与官府秘密勾结,用武力赶走了当地的农民,毁了他们的房子,霸占了他们的土地,盖起了纺织厂。然后又强迫失去土地的农民进厂做工。这些资本家的发家史,说明他们最初的资本来路都是不正的。

　　在资本家发家的过程中，坑害了无数劳动人民。千百万人在资本家发家的过程中，失掉了土地、房屋和亲人，遭受到饥饿和死亡。资本家的发家史是一部血腥的历史，它的每一个字都是用咱们劳动人民的鲜血写成的。资本家的每1分钱资本，上面都沾满了咱们劳动人民的血迹。

　　资本家用不义之财开了工厂、商店、银行、矿山等，他最初的那资本就像滚雪球似的越滚越大，家当成百倍、成千倍，甚至成万倍地增长。

　　资本家发财致富的秘密在哪儿呢？

　　资本家为了骗人，说什么他们之所以能发财，是因为他们有资本，有机器，有矿山。他们说："钱能生钱，利能滚利。""机器就是摇钱树，矿山就是聚宝盆。""是机器生产出商品，给我们带来了利润。"

　　社会上的一切财富都是工人和其他劳动人民靠劳动创造的。机器也好，矿山也好，本身都是死东西，是创造不出财富来的。如果没有工人开动机器，机器就不会生产出产品让资本家拿去作商品卖；如果没有工人开矿，矿产仍是埋在土里边的东西，是不会给资本家生财的。

资本家如果不拿他们来路不正的钱作资本去雇工人，买机器，办厂矿，开商店，而把钱锁在柜子里，是不会给他们带来利润的。资本家的万贯家财全都是工人和其他劳动人民创造的，资本家是靠剥削工人和其他劳动人民发财的。

资本家害怕有人拆穿事情的真相，便收买一些人帮他们叫嚷说："资本家给工人工钱，就是工人劳动的报酬，资本家没有剥削工人。"

资本家也大喊大叫："工人做工，我给了工钱，这完全是公平交易，我没有剥削工人。"

工钱真的是工人劳动的报酬吗？工钱真的是资本家给工人的吗？工人拿了工钱，真的就没有受剥削吗？

其实，工钱不是工人劳动的报酬，正如马克思所说的，那是工人出卖劳动力的一种不合理的价格；它更不是资本家给工人的，而是工人自己用劳动创造出来的财富中的一小部分。

　　资本家是用付工钱作为手段来剥削工人的，为什么这样说呢？

　　工人给资本家做工，资本家是付了工钱的。乍看起来，一个做工，一个给钱，好像工人的劳动已经得到了报酬，看不出有什么不公平的地方。

　　工人给资本家做工，资本家付给工人工资，实际上是在做一笔买卖劳动力的生意。工人被贫困的生活逼得没有办法，不得不把自己的劳动力卖给资本家，资本家当作买一件商品那样用钱（即所谓工资）买下工人的劳动力。可是，资本家花了多少钱买下工人的劳动力呢？那实在是少得太可怜了。而工人所创造的价值要比他出卖劳动力的价格多得多。因此说，工钱并不是工人劳动的报酬，而是资本家买工人的劳动力所花的价格；资本家所花的这个价格，也不是资本家给工人的，而是工人自己劳动创造的价值当中的极小部分。

　　资本家叫嚷说什么这是公平交易，其实是最不公平的买卖。

　　例如，一个在资本家开的制帽厂做工的工人，每天干 10 小时，生产 5 顶礼帽，工资是两英镑。可是这个工人一天 10 小时生产的 5 顶礼帽，按照市面上的价格能卖 10 英镑钱，扣掉做 5 顶礼帽所花费的各样成本、工具折旧等等 6 英镑以外，还有 4 英镑的纯利润，这就是马克思所说的这个工人一天所创造的劳动价值。这个工人一天十小时创造了 4 英镑的劳动价值，自己只拿到两英镑的工资，剩下的两英镑被资本家剥削走了。这个工人一天干 10 小时的活，创造 4 英镑钱的价值，而他自己所拿到的两英镑工钱，只要他干 5 小时就能得到，剩下的 5 小时，算是给资本家白干了。工人给资本家白干的这段时间，马克思称之为剩余劳动时间；工人在剩余劳动时间里边所创造出来的劳动价值，马克思称之为剩余价值。资本家就是靠剥削工人剩余价值发财的。

　　资本家对工人剩余价值的剥削非常残酷，一般的至少也是一半对一半，就是说工人干一天活，有一半时间是剩余劳动时间，给资本家白白地生产剩余价值。个别的甚至残酷到令人发指，例如，矿上的工人一个人一天要干 15 个小时的活，最少要生产 5 斤矿砂。5 斤矿砂最少值 15 英镑，而矿工的工钱每天却只有两先令。这就是说一个采矿工人一天干 15 个小时的活，剩余劳动时间竟占了 14 个小时零 48 分钟；一天创造 15 英镑的财富，剩余价值达到 10 英镑 8 先令。这太不合理了，怎能说是公平交易呢？

在资本主义社会里，社会上的生产资料都被剥削阶级所霸占，到处都有破产和失业的劳动人民。特别是农民大批破产，千千万万的劳动力到处流浪。他们在街头上排着很长很长的队，等人来买自己的劳动力。资本家趁人之危，在招工的时候随便压低价钱。工人为了活命，害怕失业，只得忍气吞声受剥削。工人阶级饥寒交迫，资本家更是乘机加重剥削。

表面上看，资本家对工人没有人身束缚，工人跟资本家的关系好像是自由的劳动力的买卖关系，谁也没有强迫谁。工人是绝对自由的。其实，在资本主义制度下，工人只有挨饿的自由，失业的自由，贱价出卖自己劳动力的自由。而资本家却拿"自由"作招牌，掩盖他们极野蛮、极残酷的剥削行为。工人不得不"自由"地把自己的劳动力送上门去，贱价卖给资本家，从而"自由"地忍受资本家的剥削。

资本家发财的秘密主要是用十分便宜的价钱，把工人的劳动力买下来，然后剥削工人在剩余劳动时间里所创造的剩余价值，从而使自己发财致富。

（二）资本家的剥削手法①

工人的剩余价值越大，资本家发的财也越大。资本家为了多赚钱，发大财，总是想尽办

---

① 参见田光：《资本家怎样剥削工人》，1 版，济南，山东人民出版社，1955。

法增加对工人剩余价值的剥削。

资本家加重对工人剩余价值剥削的手法很多，有下面几种：

一是延长劳动时间。

在资本家的工厂里，工人每天最少也得干12小时的活儿，有的甚至十七八个小时，还有的根本就不一定，反正是逼着工人往死了干。工人是"上工不迎日出，下工不送日落"。例如，烤烟工人每天都得在温度很高的房子里一连干上十七八个小时，逢年过节生意好时更是不分白天黑夜地干。在这样没有休止的劳动中，工人的身体当然吃不消，不少工人干着干着就晕倒了，好多人倒在火堆上烧伤了腿，成了残废人。

资本家除了公开延长工人的劳动时间，榨取工人的血汗外，还背地里想出好些点子来延长工人的劳动时间。例如，有些资本家用提前上工、推迟收工的办法来延长劳动时间。名义上规定工人每天干12小时的活，夏天中午有两个小时的休息时间，可是一到中午，资本家就把表针朝前拨，工人端起饭碗，刚吃几口就到下午上班时间了。到了冬天，资本家又把表针往回拨，天都大亮了，老板的表才 5 点多钟。工人们每天都得给资本家多干两三个小时的活儿。还有的资本家用强迫加班加点的办法来增加工人的劳动时间，工人每天上下工都是两头黑，根本就没有什么星期天和节假日。

二是提高劳动强度。

资本家在不延长工人劳动时间的情况下尽量逼着工人多干快干，这就等于延长了工人的剩余劳动时间。例如，有个工人一天干 10 小时能做 6 双鞋，资本家却强迫他提高劳动强度，10 小时里要做 9 双鞋。表面上看起来，劳动时间还是 10 小时，实际上却等于干了 15 小时，等于剩余劳动时间延长了 5 小时。

资本家提高工人劳动强度的鬼点子特别多，有的在规定的干活时间里不让工人喘气，连工人吃饭时间都不给。工人上工以后要一气干上 16 小时，中间根本不休息。工人从早熬到晚，肚子当然很饿，只好一边干活，一边偷着吃自己带来的冷饭。

　　资本家为了让工人抓紧时间干活，还不让工人上厕所。可工人有屎有尿总不能憋着啊，刻薄的资本家就想了许多坏点子限制工人上厕所。有的把厕所锁上，几个小时开一次；有的规定工人上厕所要向工头领牌子，一百个工人的车间只有两个上厕所的牌子，有些女工要上厕所，还得让女监工摸小肚子，女监工认为不胀就不准去。

　　资本家常常用提高劳动定额和减人不减活的办法进一步提高工人的劳动强度。例如，蛋厂原来规定每个工人每天打 850 个蛋，工资是两个英镑。可是资本家嫌工人干得少，后来规定每个工人每天要打 1100 个蛋，工资还是两个英镑。工人的劳动量增加了四分之一，工钱还是那么多，资本家从这当中又多剥削了工人。又如，窑厂工人本来是 6 个人负责一个窑，资本家为了加重剥削，每个窑上硬是减了 3 个人，活儿还跟往常一样多。这就是说 3 个人要干 6 个人的活，劳动量增加了一倍，而资本家却可以少开一半人的工钱，从 3 个工人身上刮到了 6 个工人的油水。

资本家还常常采用新机器来提高工人的劳动强度。例如，有些工厂为了加快生产，采用了新机器，生产时候尽量把车轮转动的速度加快，看车工人紧张地劳动一天，生产出来的产品当然比平常要多得多，资本家从工人头上剥削到的剩余价值当然就多了。这样紧张而沉重的劳动，工人的身体是吃不消的，成千上万的工人因为劳动强度太大被活活地累死了。

三是剥削花样翻新。

资本家总是尽量压低工资，还随意罚款。工人辛辛苦苦干一个月，本来钱就不多，左罚右罚，就没什么了。有时，资本家还故意无事生非，找工人的岔子，借故罚工人的工资。

四是白占学徒的工钱。

资本家跟资本家之间是个大鱼吃小鱼，小鱼吃虾米的关系。大资本家跟中小资本家，这个资本家跟那个资本家，彼此总是暗算对方，钩心斗角。你想吃了我，我想吞了你。中小资本家为了爬上大资产阶级的地位，便拼命地想鬼点子剥削工人，扩大资本。大资本家一心想要吞并别人，就千方百计地加重对工人的剥削，利用雄厚的资本来把别人挤垮。总之，所有这些大大小小的资本家，为了保全自己，吞掉别人，都挖空心思，想出种种恶毒的花样，从工人身上打主意，加倍榨取工人的血汗。狡猾的资本家总是白占学徒的工钱，认为招收学徒最划算。学徒名义上是学手艺的，不是正式工人，资本家根本不给他们工钱，有的还要帮资本家干繁重的家务活。学徒要学3年到5年才能满师，满师后还得给资本家帮几年忙，作为报答学手艺的代价。在学徒和帮忙期间，不能随便离开厂子。生了病，资本家不管，因工伤亡，资本家也不负责。学徒工名义上是学手艺的，其实资本家把他们当牛马使唤。学徒整天干杂活，扫地、做饭、洗衣服、倒马桶、洗尿布、带孩子，一刻不停，而资本家却只管他们粗茶淡饭，有的连饭也不让吃饱。资本家就这样占去了学徒工的全部和绝大部分劳动成果。

五是招收童工。

资本家用尽各种方法剥削工人，还觉得不够，还进一步招收少年做工，进行更加残酷、更加野蛮的剥削。虽然童工年岁小，力气不如成年人大，但在资本家皮鞭的抽打下，有些活不比成年人干得少，有时候还干得更多。而童工工资低，要比成年工人少一半到三分之二，有的甚至只有成年工人五分之一的工资。在资本家灭绝人性的折磨下，童工面黄肌瘦，未老先衰，病的病，死的死。

六是五花八门的规章制度。

资本家为了达到剥削工人的目的，规定了许多压迫工人的制度。例如，规定工人上工要早到，不准停工换厂，工人跟工人不准随便来往，男工不准留头发，女工不准生孩子，不准带婴儿上工，上工放工要经过门房搜身，等等。谁要是违犯了资本家这些规定，就要挨打受罚，罚款是轻的，甚至还要开除。

七是搞福利。

资本家专门雇了好些狗腿子来欺压和统治

工人，设置了考工员、管事、监工、领班、工头、把头等，名目多得很。这帮走狗像蜘蛛网儿一样缠在工人头上，欺压工人。

资本家除了残酷地压迫工人以外，还常常使用武力来迫害工人。有的雇佣兵士驻在厂里，有的干脆自己招收军警，买了枪支弹药，设立武装，专门镇压工人。

资本家自己有了军警，动不动就把工人捆起来，关起来，毒刑拷打，甚至随便开枪打死工人。

哪里有压迫，哪里就有反抗。资本家对工人压迫得越厉害，工人的反抗斗争也就越英勇。

资本家是极狡猾的，他在用武力压迫工人的同时，还采用了一套笑里藏刀的手法来笼络工人。资本家装出很关心工人生活的样子，把从工人身上刮到的大笔血汗钱抽出极小一部分，办工人福利，如奖金、养老金、职工医院、工人食堂、消费合作社等。其实，这是资本家进一步剥削和压迫工人的一种杀人不见血的花招，是为了从工人身上换取更多的利润。

更加阴险的是，资本家为了收买和欺骗工人，从每年赚的利润中抽出一小部分作为红股，开几张空头股票发给一些工人，算是工人入了股，并对工人说："咱们现在都是一家人了，没有什么阶级区别了。厂是大家的，大家是给自己干活，往后要好好干，不要闹事了。"这是资本家的鬼话，是让工人拼命干活，不跟资本家作坚决的斗争，永世也翻不了身，永世也得不到解放，永世给资本家作牛作马。这一套手法装点得挺好，不容易被人看明白。其实，资本家拿出从工人身上剥削的巨额利润的一点点，如沧海一粟，收买工人，让工人甘受剥削。工人如果上当了，无异于饮鸩止渴，永远也改变不了被剥削的现实。

工业资本家开了工厂、矿山，雇了一大批工人投入生产，生产出来的东西是要卖掉的。如果卖不掉，资本家守着那些产品变不成钱，不光赚不到钱，还会连老本也赔进去。资本家手上没了钱，工厂就开不了工，就不能继续剥削工人的剩余劳动价值了。因此，工人给资本家生产出产品之后，资本家得赶紧把它脱手才行，而且脱手越快越好。因为货物卖得快，资金就周转得快，剥削工人的次数也就越多。这样，工业资本家就不得不找做买卖的商业资本家帮忙。商业资本家做买卖是为了赚钱，当然不能替工业资本家白干。这样，工业资本家只好用便宜一点的价钱把商品卖给商业资本家，商业资本家再用高一点的价钱卖出去，从中赚一笔钱。这样，商业资本家赚的钱表面上看起来是做买卖赚的，其实也是剥削工人劳动创造的价值得来的。

银行资本家也一样，他把银行里的钱借给工业资本家或者商业资本家，自己坐收利息。工业资本家借钱后，可以多买原料，多雇工人，多生产，这样就能多剥削工人。然后，他们把从工人身上剥削来的钱抽出一部分给银行资本家作利钱；商业资本家借了钱以后，可以多买货，多赚钱，然后，把他赚来的钱也抽一部分给银行资本家作利钱。这样，银行资本家之所以发财，归根到底，也是剥削工人来的。没有工人干活创造财富，工业资本家也好，商业资本家也好，银行资本家也好，都是发不了财的。

除工业、商业和银行资本家对工人进行剥削外，还有两种人也对工人进行剥削。一种是有土地房产的人。这些人把地皮房产租给资本家开工厂、商店、银行，从资本家手里拿租金，而资本家交的这些租金哪儿来的？正是工人创造的。有土地房产的也间接剥削了工人。另外一种人就是反动政府里的官僚。他们是剥削阶级所豢养的保镖。他们利用政治权力、法院、军队、警察保护资本家的利益，帮助他们剥削工人。于是，资本家也从剥削到的大量财富中抽一部分给反动政府当税收，实际上就是分给他们一份工人的血汗钱。

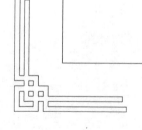

（三）资本主义的掘墓人

1844 年，马克思在《德法年鉴》上发表了《〈黑格尔哲学批判〉导言》，阐明了无产阶级的历史使命，认为只有它才能实现人的解放，还提出对旧世界必须进行"武器的批判"这一重要思想。所谓"武器的批判"即暴力革命。

1844 年，马克思着重研究政治经济学，批判资本主义制度，揭露雇佣劳动与资本的对立，论证资本主义灭亡和共产主义实现的历史必然性。

是什么决定资本主义必然灭亡呢？是资本主义本身固有的、不可调和的矛盾。

资本主义是以资本为主体的社会制度，这种制度尊重资本和财产私有，任何他人都不得侵占，这就是私有制的含义。私有制是资本主义最重要最主要的内容，没有私有制就不能叫资本主义。

随着资本主义的发展，资产阶级的经济、政治力量不断壮大，为各国资产阶级革命准备了条件。荷兰在 16 世纪末，英国在 17 世纪中叶，法国在 18 世纪末，德国及其他一些国家在 19 世纪中叶，先后爆发了资产阶级革命，从而为资本主义生产方式取代封建的生产方式扫清了道路。

资本主义制度是经过工业革命，由工场手工业过渡到机器大工业以后最终确立的。

15 世纪末的地理大发现以及随之而来的殖民地的开拓，使销售市场扩大了许多倍，加速了手工业向工场手工业的转化。资本主义工场手工业由于在工场内部实行劳动分工，比资本主义初期实行简单协作的手工业大大提高了劳动生产率。

到 18 世纪，在英国等先进的资本主义国家里，国内市场与世界市场迅速扩大，越来越同工场手工业的狭隘的技术基础发生矛盾。

资本家为了在竞争中获取更多的利润，要

求进一步改进生产技术。在这种情况下发生了工业革命。工业革命诞生的机器大工业，标志着资本主义生产的物质技术基础已经建立。

这时，资产阶级和无产阶级两大对抗阶级成为资本主义社会基本的阶级构成。

科学技术的不断进步和应用于生产，促进了生产力迅速发展，使资本主义生产关系扩展到一切生产部门，同时也使无产阶级和资产阶级的对抗进一步发展。

在资本主义社会里，私有制必然带来两极分化，无论从自由竞争的角度讲，还是从阶级对立的角度讲。自由竞争必然淘汰多数人，让多数人穷了，而少数人富了。压制工资是资本家追求利润的首要要求，资产阶级的积累，相应地造成无产阶级的贫困。私有制基础上共同富裕是不可能的，大多数人必须通过劳动而生存，私有制必然要将大部分人压制到生存线的附近，迫使他们为了生存而不断地劳动，而另外的少数人则享受其劳动成果，作威作福。马克思说资本主义是以资本家占有生产资料和剥削雇佣劳动为基础的社会制度。日趋加剧的两极分化趋势是出现革命的前提条件。

有压迫就有反抗，有剥削就有斗争，在这背景下，无产阶级怎能不起来革命呢？

封建社会晚期，在小生产者分化的基础上出现了雇佣劳动者。原始积累过程为雇佣劳动制度奠定了基础。经过产业革命，工业中心和城市不断增多，产业工人的队伍也随着迅速壮大，渐渐形成了现代无产阶级。

到了资本主义社会，无产阶级又称工人阶级。他们丧失了生产资料，靠出卖劳动力为生，是从事雇佣劳动的阶级。

过去，"无产阶级"曾音译为"普罗列塔利亚"，在西方国家文字中普遍写成 proletari-at，源于拉丁文，原意是"无产者"。

"无产者"在拉丁文里，最早是指古罗马帝国时代自由民中没有任何财产靠国家养活的阶层。他们不是近现代意义的"无产阶级"，因为他们虽然不是奴隶主，但也不是奴隶；虽然一无所有，但他们却有权不参加劳动，而且认为劳动是可耻的事。他们靠奴隶主国家养活，实际上是参加对奴隶的剥削的。

近代初期，即十四五世纪以后，资本主义兴起了，大量农民失去土地等生产资料，成为一无所有的无产者。

这些人不占有任何生产资料，不得不靠出卖劳动力为生。在马克思主义的文献中，为了强调他们受压迫受剥削，往往用"无产者"或"无产阶级"称之；而当为了强调他们是社会财富的创造者和未来新社会的建立者时，则更多地使用"工人阶级"一词来称呼。

中国无产阶级产生较晚，大约在 19 世纪中期。那时，西方商人在中国通商口岸开办了一批船坞和工厂。这些外商企业利用中国廉价的原料和劳动力，剥削受雇佣的广大劳动人民。这样，中国无产阶级就先于中国资产阶级在外商企业里诞生了。

例如，英国商人在香港创办了阿白丁船坞，在上海创办了墨海书馆；美国长老会在澳门设立了花华圣经书房。这些外商企业里的工人都是从中国破产的农民和手工业者中雇佣来的，他们便是中国的第一批工业无产者。

19世纪中期开始清朝统治者为了富国强兵，大搞洋务运动。在洋务派和民族资产阶级创办的厂矿里也产生了中国无产阶级。到1894年时，中国无产阶级已经有10万多人了。

中国无产阶级人数虽然不是太多，但比较集中，除矿工外，基本上集中于沿海和长江流域各通商口岸。其中以上海为最多，其次是广州及其附近地区。

中国工人集中于大城市和大中型企业里，这对于宣传、组织工人进行斗争是方便的。这些人来自破产的农民和手工业者的中国无产阶级，成了中国新生产力的代表。

马克思认为被压迫的无产阶级是一个国际性的阶级，无论在哪个国家里，无产阶级都具有同样的利益，这就是无产阶级的国际性。

由于无产阶级的人数众多、组织性和战斗性强，马克思认为它是真正的革命阶级，肩负着使人类进入理想社会即共产主义社会的历史使命。

无产阶级与资产阶级是两个对抗性的阶级，它们之间的斗争经历了不同的发展阶段。

当无产阶级对资本主义社会还处于感性认识的阶段，只认识到资本主义的表面现象及其外部联系时，他们只是自发地进行斗争，还是一个"自在的阶级"。例如，在 18 世纪 70～80 年代，英国曾经发生过破坏机器的运动。当时，工人认为机器是他们贫困和失业的根源，便自发地摧毁机器，焚烧厂房。

后来，随着阶级斗争的发展，产生了马克思主义，无产阶级开始以马克思主义为指导来进行自觉的斗争。从这时起，无产阶级成为"自为的阶级"，作为一支独立的政治力量登上了历史舞台。

在同资产阶级对立的一切阶级中，只有无产阶级能够担负起资本主义掘墓人的历史任务。

无产阶级的形成同机器大生产相联系，是先进生产力的代表，是最有前途的阶级。无产阶级的经济地位决定它大公无私，有远见，富有组织性和纪律性。他们在革命斗争中，比任何阶级都要坚决和彻底。同时，无产阶级与其他劳动人民并无根本利益上的冲突，能够把一切被压迫、被剥削的劳动人民团结在自己的周围。因此，无产阶级始终是工人运动的核心，是"革命社会主义的天然代表"。① 他们的伟大历史使命就是埋葬资本主义制度并建立共产主义社会。无产阶级只有解放全人类，才能最后解放自己。

无产阶级专政的理论是马克思主义的精髓。1850 年，马克思在《1848 年至 1850 年的法兰西阶级斗争》中第一次明确提出了"工人阶级专政"的口号。1852 年 3 月 5 日，在致魏德迈的信中进一步肯定了"无产阶级专政"这一结论。在 1875 年批判"哥达纲领"时，又强调了无产阶级专政的历史必然性，并进一步

---

① 马克思，恩格斯：《马克思恩格斯全集》第 35 卷，229 页，北京，人民出版社，1958。

提出，从资本主义社会到共产主义社会之间的整个历史时期的国家，只能是无产阶级的革命专政。

马克思主义关于无产阶级专政思想的形成和发展，同无产阶级的革命实践紧密相连。

早在1848年，马克思、恩格斯在《共产党宣言》中就对无产阶级专政思想作了表述，"工人革命的第一步就是使无产阶级上升为统治阶级，争得民主"；"无产阶级将利用自己的统治，一步一步地夺取资产阶级的全部资本，把一切生产工具集中在国家即组织成为统治阶级的无产阶级手里，并且尽可能快地增加生产力的总量"。《共产党宣言》在阐明无产阶级专政在政治方面的历史使命的同时，也指出了无产阶级专政在经济方面的历史任务。

资本家的残酷剥削和压迫逼得无产阶级无法忍受，他们要革命，他们要解放，而他们又有了马克思主义这一理论武器，无产阶级革命就是在这样的大背景下产生的。

二、无产阶级革命导师马克思

恩格斯说:"我不能否认,我和马克思共同工作四十年,在这以前和这个期间,我在一定程度上独立地参加了这一理论的创立,特别是对这一理论的阐发。但是,绝大部分基本指导思想(特别是在经济和历史领域内),尤其是对这些指导思想的最后的明确的表述,都是属于马克思的。我所提供的,至多除几个专门的领域外,马克思没有我也能很容易地做到。至于马克思所做到的,我却做不到。马克思比我们一切人都站得高些,看得远些,观察得多些和快些。马克思是天才，我们至多是能手。没有马克思，我们的理论远不会是现在这个样子。所以，这个理论用他的名字命名是公正的。"①

列宁说："思想家所以配称为思想家，就是因为他走在自发运动的前面，为它指出道路……"②

（一）伟人的少年时代

卡尔·马克思是无产阶级革命导师，也是近代史上最伟大的思想家之一。马克思的女婿法拉格在回忆马克思时说："思考是他无上的

---

① 恩格斯：《路德维希·费尔巴哈和德国古典哲学的终结》，见《马克思恩格斯选集》，第 4 卷，238 页注，北京，人民出版社。

② 列宁：《同经济主义的拥护者商榷》，见《列宁全集》，第 5 卷，283 页，北京，人民出版社，1958。

乐事，他的整个身体都为头脑牺牲了。"

1999 年 9 月，英国广播公司（BBC）评选"千年第一思想家"，在全球互联网上公开征票一个月。最后，汇集全球投票的结果，马克思位居第一，爱因斯坦位居第二。

2005 年 7 月，英国广播公司以古今最伟大的哲学家为题，调查了 3 万名听众，结果是马克思得票率第一，苏格兰哲学家休谟第二。

1818 年 5 月 5 日，马克思出生于德国东部的特利尔城。

特利尔位于摩泽尔河畔，紧靠卢森堡，被茂密的森林环绕着，是一个风景秀丽的小城，也是德国最古老的城市，已有 2000 多年的历史了。残留在特利尔的罗马古迹中，最珍贵的是大黑门，此外还有罗马浴场遗址、古代圆形剧场等，不少有价值的罗马古迹散布于特利尔城内。

特利尔城的景点主要集中在车站与摩泽尔河之间的老街区内。特利尔的象征——大黑门是 2 世纪后半期建造的城门。当时还建有围护城市的城墙，但现存的只有这个城门了。

大黑门名副其实，全部由黑色石块堆砌而成，就连很高的地方也有巨大石块。登上大黑门俯瞰，摩泽尔河以及特利尔城尽收眼底，景色壮丽。

沿着自大黑门向南伸展的步行街行走 400 米左右，便来到中央广场。广场正中矗立着公元 958 年的十字架，四周都是古老美观、保存良好的房屋。

距中央广场不远处有两座教堂，一座是初期罗马式的大教堂，另一座是 13 世纪中叶建造的哥特式圣母教堂。

正是这座历史积淀厚重的古城，让马克思自幼爱上了历史学。

马克思的父亲是犹太人，是一位十分有名的律师，被任命为特利尔城律师协会主席。他主张正义，好打抱不平。在马克思的家里，有富裕的生活条件和浓厚的文化氛围。

父亲是幼时马克思的偶像，对马克思丰富的思维、严密的逻辑和雄辩的演说才能影响很大。

　　马克思的母亲贤淑善良，善于持家，使马克思茁壮成长，有一付顽强的体魄。

　　在父母的影响下，马克思从小勤奋好学，善于独立思考。1830 年，马克思进入特利尔中学。1835 年夏天，马克思即将从中学毕业时，他的一篇作文《青年在选择职业时的思考》让他的老师吃了一惊。这篇文章里有这样一段话："如果人只是为了自己而劳动，他也许能成为有名的学者、绝顶聪明的人、出色的诗人，但他决不能成为真正的完人和伟人。如果我们选择了最能为人类福利而劳动的职业，我们就不会为他的重负所压倒，因为这是为全人类所作的牺牲。那时，我们感到的将不是一点点自私而可怜的欢乐，我们的幸福将属于千万人，我们的事业并不会显赫一时，但将永远存在。"这篇文章给老师们留下了深刻的印象，看了这篇文章的老师都说："这孩子将来一定是伟人。"

（二）大学生涯

1835 年，马克思中学毕业后，父亲把他送到了当时著名的波恩大学去学习法律。

波恩在特利尔以北，是一座拥有 2000 多年历史的文化古城，是著名音乐家贝多芬的诞生地。"波恩"意为"兵营"，公元 1 世纪初，罗马军团曾在这里设立兵营，为古罗马要塞。

波恩大学创建于 1786 年，是欧洲最古老的高等学府之一，校舍主楼是普鲁士时期的宫殿式建筑。波恩大学师资力量雄厚，教学设备齐全，著名诗人海涅曾在这里学习过。

马克思的父亲想把儿子马克思培养成律师，走自己的道路。

马克思到波恩大学后，生活很惬意，写了大量的诗。为了让儿子专心学习法律，父亲让他转学到柏林大学深造。

　　柏林大学是德国著名的综合性高等学府。柏林大学设哲学、法学、医学和神学四科，它的教学贯彻教学与科研相结合的方针，采取讲课、讨论与研究相结合的教学形式。教师享有较大的学术自由，学生则根据自己的爱好选修课程，选择自己的钻研方向，在导师指导下从事科研工作。

　　1836 年，马克思转入柏林大学学习。柏林大学不仅学习气氛浓厚，而且学术方面处于领先地位。尤其是"青年黑格尔派"和"老年黑格尔派"的对垒促进了思想运动的发展。在大哲学家黑格尔去世之后，德国哲学界出现了两个对立的派别，"青年黑格尔派"对专制统治深恶痛绝，渴望民主政治，是一支不可忽视的民主力量；而"老年黑格尔派"拥护专制政权，支持普鲁士专制政府的专制统治。

　　当时，德意志是一个四分五裂的联邦国家，由 35 个邦和 4 个自由市组成，普鲁士即其中之一。封建分裂状态严重地阻碍着资本主义的发展。

马克思在柏林大学加入了"青年黑格尔派"，吸收了该派的民主思想成分，加强了对世界的认识，增强了改造世界的信心，为他以后的思想发展、理论建树奠定了基础。

除了思想有了进一步的发展、丰富之外，在学业上也取得了可喜的成绩。马克思的学习积极性很高，学习兴趣非常广泛，哲学对他来说是十分重要的，但除哲学外，历史学、文学、数学以及外语等，马克思都能加倍努力，认真学习。

这几年的学习使马克思开阔了眼界，增长了知识，丰富了思想，为以后进行革命工作打下了牢固的基础。

1841年，马克思大学毕业前认真地完成了一篇哲学论文。他在论文中系统完整地反映了马克思这时的哲学观点、理论建树和思想内涵。在论文中，他引用了希腊神话中普罗米修斯为了人类而宁愿牺牲自己的话语，表现了自己决心为改造人类世界而进行坚持不懈的斗争。他说："你知道得很清楚，我不会用自己的痛苦去换取奴隶的服役，我宁愿被缚住在岩石上，也不愿作宙斯的忠顺奴仆。"由于这篇论文，马克思被耶拿大学授予博士学位。

（三）为革命放弃国籍

大学毕业后，1842 年 10 月，马克思被聘为资产阶级民主派的报纸《莱茵报》主编。马克思借《莱茵报》宣传革命思想，于是这份报纸成了马克思毕业后进行革命工作的第一步。

《莱茵报》的革命民主主义倾向越来越鲜明，普鲁士当局于 1843 年 1 月决定从 4 月 1 日起查封《莱茵报》。

马克思退出编辑部后，于 1843 年 5 月与燕妮·冯·威斯特华伦结婚。

燕妮的父亲与马克思的父亲是好朋友，燕妮与马克思从小相识，青梅竹马，两小无猜。

燕妮全名燕妮·冯·威斯特华伦，婚后随

夫姓，全名燕妮·马克思。1814 年生于德国威斯特华伦的一个贵族家庭，比马克思大 4 岁。她有着深褐色的头发，深蓝色的眼睛，在特利尔备受瞩目，被选为舞会女王。1843 年她与马克思结婚后，为了马克思的革命事业，她献出了自己的一切。燕妮一生都在支持马克思的学术研究，帮助马克思誊清手稿，还做些翻译工作。

这时，马克思开始对黑格尔哲学进行批判性研究，写出了著名的《黑格尔法哲学批判》。这部著作批判了黑格尔对国家的唯心主义理论，认为不是国家决定市民社会，而是市民社会决定国家，即经济决定政治。

1843 年 10 月，马克思到巴黎与卢格筹办《德法年鉴》杂志。

1844 年，马克思在《德法年鉴》上发表《论犹太人问题》和《〈黑格尔法哲学批判〉导言》两篇文章：前一篇批判"政治解放"即资产阶级革命的局限性，主张"人的解放"即实现共产主义革命；后一篇阐明了无产阶级的历史使命，认为只有它才能实现人的解放，还提出对旧世界必须进行"武器的批判"这一重要思想。所谓"武器的批判"即暴力革命。

共产主义是一种政治信仰，也是一种社会形态。政治信仰即马克思主义，社会形态即共产主义社会。共产主义社会是一个消除阶级的社会，一个生产力极大发展的社会，一个物质财富和精神财富极大丰富的社会，所有的财产归全人类所有，产品各取所需，所有的人平等地享受社会经济权利，人们不再将劳动作为谋生的手段，而"劳动将成为人们的第一需要"。

1844 年，马克思着重研究政治经济学，提出劳动异化思想，用"异化"来批判资本主义制度，揭露雇佣劳动与资本的对立，论证资本主义灭亡和共产主义实现的历史必然性。

1844 年 8 月，恩格斯从英国曼彻斯特来巴黎会见马克思。从此两人开始合作。

两人第一个合作成果是《神圣家族》，它批判了青年黑格尔派的主观唯心主义，阐明唯物主义历史观的一些重要原理。马克思进一步论证物质生产对历史的决定作用，指出物质生产是"历史的发源地"，把生产方式看作是认识历史时期的主要标志。他还进一步论证无产阶级解放全人类的历史使命，并阐述了人民群众是历史创造者的思想。

1845 年，马克思参与编写《前进周刊》，在其中对德国的专制主义进行了尖锐的批评。普鲁士政府对此非常不满，要求法国政府驱逐马克思。同年秋，马克思被法国政府派遣的流氓殴打致伤，并被驱逐出境。

马克思被迫迁到比利时，他一怒之下宣布脱离普鲁士国籍。

（四）战斗在布鲁塞尔和巴黎

到比利时布鲁塞尔后，马克思开始批判费尔巴哈唯物主义的局限性，写了《关于费尔巴哈的提纲》。文中着重阐明实践在社会生活和人的认识中的作用，论证实践是检验真理的标准，并指出"哲学家们只是用不同方式解释世界，而问题在于改变世界"。

费尔巴哈是德国旧唯物主义哲学家，于1804 年 7 月 28 日生于巴伐利亚，比马克思大14 岁。费尔巴哈早年在黑森州的海德堡学习神学，后来受到当时进步教授的影响，对黑格尔的哲学深感兴趣，不顾父亲的反对，到柏林跟随黑格尔学习哲学，成为"青年黑格尔学派"的成员。费尔巴哈批判了康德的不可知论和黑格尔的唯心主义，恢复了唯物主义的权威。他肯定自然离开人的意识而独立存在，时间、空间是物质的存在形式，人是能够认识客观世界的。他对宗教神学进行了有力的揭露和批判，他的唯物思想影响过马克思。但是费尔巴哈抛弃了黑格尔的辩证法，他的唯物主义依然是形而上学的，社会历史观是唯心主义的。

1845—1846 年，马克思与恩格斯合著《德意志意识形态》，第一次系统地阐述了唯物史观。这一伟大发现揭开了人类历史发展之谜，为科学共产主义奠定了牢固的哲学基础。

1846 年初，马克思和恩格斯建立了布鲁塞尔共产主义通讯委员会，并同工人运动中的错误思潮魏特林主义、蒲鲁东主义和"真正的社会主义"作了斗争。

魏特林是德国早期工人运动活动家、空想共产主义者。

1841 年 9 月，魏特林在日内瓦创办《德国青年的呼吁》，次年改名《年轻一代》，这是德国工人阶级的第一个刊物。1842 年，魏特林在瑞士出版他的主要著作《和谐与自由的保证》，书中分析了社会病态的产生，强调私有制是万恶之源，揭露批判金钱拜物教和资产阶级民主自由的虚伪性；提出"社会改革的理想"，描绘他心目中共有共享、和谐自由的新社会蓝图。魏特林宣称用暴力推翻旧制度是必需的，但他主张的暴力是指自发的暴动，而不是有组织的阶级的行动。同年 7 月，魏特林在瑞士被捕，获释后于 1844 年到伦敦。1846 年 2 月到布鲁塞尔，马克思、恩格斯主动同他交往，希望他能接受科学社会主义。但他拒绝马克思、恩格斯的帮助，站在"真正的社会主义者"克利盖一边。1846 年末，魏特林到美国纽约组织解放同盟。1848 年，欧洲革命爆发，魏特林回到德国。1849 年再度赴美，创办《工人共和国》报，建立新的工人协会，按他的空想搞起建立移民区的实验。

魏特林在 1842 年发表的《和谐与自由的保证》一书抨击了资本主义社会，提出了他的空想共产主义计划，认为理想的社会是和谐与自由的社会，在这个社会里，人人从事劳动，产品平均分配。他的学说是一种粗俗的平均共产主义，在早期德国工人运动中起过一定的积极作用，但后来成了工人运动发展的障碍。

蒲鲁东主义于 19 世纪 40 年代产生于法国，是广泛流行于西欧国家并颇具影响的小资产阶级社会主义和无政府主义思潮。因其创始人蒲鲁东而得名。蒲鲁东是无政府主义创始人之一，被誉为"无政府之父"。1809 年 1 月 15 日生于贝桑松一个农民兼手工业者的家庭里，曾在印刷厂当排字工人和校对员，通过自学成为职业作家，曾与人合伙开办小印刷厂。1837年迁居巴黎，从事著述活动。1840年发表《什么是财产？或关于法和权力的原理的研究》，提出"财产就是盗窃"的论点，因能标新立异而迅速蜚声于世。该书从小资产阶级立场出发批判资本主义大私有制，认为可以通过保护小私有制摆脱资本主义的各种弊端。1846年发表《贫困的哲学》，企图以政治经济学来论证自己的改良主义思想，反对工人阶级的革命斗争。1848年欧洲资产阶级革命爆发后，开始从事实际的社会改革活动，曾任《人民代表》报和《人民之声》报主编，被选为国民制宪议会议员。1849年因著文反对路易·拿破仑·波拿巴而被捕入狱，被判3年徒刑，罚款3000法郎。在狱中写成《一个革命家的自白》和《19世纪革命的总观念》。1852年获释，1858年在《论革命与教会的正义》一书中激烈抨击天主教会，在再次被捕威胁下流亡比利时。1862年遇赦返国，继续宣扬无政府改良主义思想。他否认一切国家和权威，认为它们维护剥削，扼杀自由。他反对政党，反对工人阶级从事政治斗争，认为其主要的任务是进行社会改革。他将无政府主义与改良主义合成一体，提出一个所谓"互助主义"的救世良方，主张生产者根据自愿原则，通过订立契约进行互助合作，彼此"等价交换"各自的产品。这种空想的互助主义方案建立在小生产者的小私有制基础之上，其目的是形成生产者之间"永恒的公平"，防止他们遭受破产的厄运，使小私有制永世长存。蒲鲁东的学说和政治活动对巴黎公社前的法国工人运动颇有影响。

"真正的社会主义"又称"德国的社会主义"，是 19 世纪 40 年代流行于德国知识分子中的一种小资产阶级社会主义思潮，其代表人物有赫斯、格律恩和克利盖等。他们美化宗教式的小土地所有制，鼓吹用平均分配土地办法可以使小私有者摆脱贫困和剥削。他们宣扬用人类之爱来实现社会主义，把无产阶级的阶级斗争说成是一种"野蛮的破坏倾向"。他们自称是"德国的"、"真正的"社会主义，实际上成为当时封建统治者用来反对工人运动和民主运动的一种工具。

1847 年初，马克思和恩格斯应邀参加正义者同盟。1847 年 6 月，正义者同盟更名为共产主义者同盟。马克思担任了共产主义者同盟布鲁塞尔区部领导人。

同年 11 月，马克思和恩格斯受委托起草共产主义者同盟的纲领。这个纲领就是 1848 年 2 月正式发表的《共产党宣言》。《共产党宣言》是科学共产主义的第一个纲领性文件。

正义者同盟是侨居法国的德国政治流亡者、工人和手工业者于 1836 年在巴黎建立的国际性的秘密革命组织，即共产主义者同盟的前身。1833 年，在巴黎的德国工人成立具有共和民主主义倾向的第一个秘密组织，原称人民同盟。1834 年，在人民同盟的基础上建立了流亡者同盟，成员发展到几百人。1836 年，部分激进的盟员从流亡者同盟分裂出来组成了正义者同盟，宗旨是以少数人的密谋活动建立财产公有的新社会。正义者同盟参加了布朗基主义组织四季社发动的 1839 年 5 月 12 日巴黎起义。起义失败后，领导人沙佩尔和鲍威尔先后被捕监禁，又被驱逐出境。他们到伦敦后，与莫尔一起重新恢复了正义者同盟组织，并加入 1840 年 2 月成立的德意志工人教育协会，使之成为正义者同盟的外围组织。在法国、瑞士和德国也恢复或重建了正义者同盟支部。这时，同盟已成为一个国际性的工人组织。同盟先后受到布朗基主义、魏特林空想共产主义、蒲鲁东主义和"真正的社会主义"的影响，在马克思、恩格斯帮助下逐步接受了科学社会主义理论。1847 年 1 月，由莫尔代表同盟专程到布鲁塞尔、巴黎邀请马克思、恩格斯参加同盟，帮助同盟起草宣言，实现改组。马克思、恩格斯接受邀请，参加了同盟。同盟于 1847 年 6 月2—9 日在伦敦举行同盟第一次代表大会，决定改名为共产主义者同盟。

　　1848 年，资产阶级革命席卷欧洲大陆。这次革命是主要发生在法兰西、德意志、奥地利、意大利、匈牙利等欧洲国家的资产阶级民主、民族革命。这次革命是 19 世纪上半叶欧洲经济、政治和思想发展的必然结果，是封建主义与资本主义的矛盾、压迫民族与被压迫民族的矛盾尖锐化的必然结果。其任务是推翻封建制度，消除异族压迫，建立统一的民族国家，为资本主义进一步发展扫清道路。

这年 3 月初，马克思被比利时当局驱逐出境，又来到巴黎。他受共产主义者同盟中央委员会委托在巴黎建立了新的中央委员会，并当选为主席。

德国资产阶级革命爆发后，马克思和恩格斯为同盟中央委员会拟定了无产阶级在这场革命中的行动纲领《共产党在德国的要求》。4 月初，他们联袂返回德国，直接参加了革命。6 月 1 日，他们共同筹办的《新莱茵报》问世，马克思担任总编。随着革命运动的进展，资产阶级反动势力日益猖獗，《新莱茵报》在 1849 年 5 月 19 日被迫停刊。马克思于 6 月初离开德国重返巴黎。8 月 24 日，马克思又被法国当局驱逐出境，只得流亡到英国伦敦，在那里长期定居下来。

（五）伦敦岁月

到伦敦后，马克思重建了共产主义者同盟的地方组织和中央委员会。

1850—1852 年，马克思和恩格斯把主要精力用于总结 1848 年革命的经验上。为此，他们创办了《新莱茵报·政治经济评论》杂志。马克思发表了《1848 年至 1850 年的法兰西阶级斗争》、《路易·波拿巴的雾月 18 日》等，进一步丰富了科学共产主义理论。

从 1851 年 8 月至 1862 年 3 月，马克思和恩格斯为远在美国的《纽约每日论坛报》写了 500 多篇文章，评述当时国际重大事件，抨击各国反动政府的内外政策，声援各国人民的革命运动，特别是东方被压迫民族的解放运动。

经过马克思 50 年代和 60 年代的辛勤脑力劳动，终于创立了马克思主义政治经济学的科学体系，实现了政治经济学领域的伟大变革。

1857 年 7 月至 1858 年 5 月，马克思写了《政治经济学批判大纲（草稿）》，第一次提出了剩余价值理论，在继唯物史观这一伟大发现之后完成了第二个伟大发现。

1858 年初，马克思开始在这个手稿的基础上写《政治经济学批判》一书。他为该书写的序言对唯物史观作了经典的表述。

从 1861 年 8 月至 1863 年 7 月，马克思又写了一个新手稿，即《1861—1863 年经济学手稿》。在写作过程中，马克思把原来打算以《政治经济学批判》为题出版的巨著改名为《资本论》。

1867 年 9 月 14 日，《资本论》第一卷在汉堡问世。第二卷和第三卷由于他过早逝世未能最终完成，后经恩格斯整理和增补，分别在 1885 年和 1894 年出版。《资本论》具有划时代的意义，它标志着马克思主义政治经济学科学体系的创立。

为了撰写《资本论》，马克思搜集大量材料，并进行深入的研究。只要家里没有人生病，也没有特别紧急的事需要办理，他每天从早上9点到晚上7点总是坐在不列颠博物馆里固定的坐位上看书。

马克思在埋头研究政治经济学的同时，仍同各国工人运动活动家保持密切联系。

马克思和恩格斯非常关心各国工人运动的发展，并总结了1848年革命的经验教训，指出必须建立无产阶级政党，加强国际团结，对抗联合起来的反动势力。为此，马克思、恩格斯同各国革命者保持着密切联系，帮助他们学习理论，推动革命的发展。

到了19世纪五六十年代，随着世界经济危机的发生，各国工人阶级运动又高涨起来，陆续成立了工人自己的组织。"全世界无产者，联合起来"的口号，被更多的人接受了。马克思和恩格斯看到这些，十分高兴。

1864年9月，在伦敦圣马丁堂里，挂着许多国家的国旗，各国工人代表聚集在一起，举行集会。集会的直接目的是支持波兰人民反对俄国沙皇统治，而会议进行中，联合起来的呼声越来越高涨。英国代表说："为了工人的利益，各国人民必须团结一致。"法国代表也说："我们要团结起来救自己！"出席大会的马克思听了，脸上露出笑容，他觉得，成立新的国际工人组织的条件已经成熟了。

在马克思的支持下，这次大会决定成立"国际工人协会"，即"第一国际"。马克思被选为总委员会委员，并受委托修改章程和宣言。马克思在宣言中指出，无产阶级只有组织起来，才能战胜资产阶级。在第一国际的领导和支持下，英、法、瑞士等国工人纷纷罢工，并取得了胜利。

在第一国际存在时期，马克思始终是第一国际的领袖，第一国际的灵魂，在第一国际内部领导了反对工联主义、蒲鲁东主义、拉萨尔主义的斗争。

工联主义是国际工人运动中一种改良主义

思潮，因最早出现于英国工人联合会而得名。英国工联产生于 18 世纪后半叶，工联主义于 19 世纪中叶开始广泛传播。它主张在雇佣劳动制度范围内改善工会工人的经济条件和法律地位，不要求推翻资产阶级的统治。工联主义主张阶级调和，宣传资本家和工人的利益是一致的。它主张进行纯经济的斗争，注重工人眼前的和暂时的利益，忽视工人阶级的整体利益和最终目的。工联领袖把雇佣劳动制度看作是永恒的，否定无产阶级革命的必要性，提出"做一天公平的工作，得一天公平的工资"的口号。而争取"公平的工资"的主要手段，就是由资本家代表和工人代表组成仲裁法庭调解劳资纠纷，以达成劳资两利的协议。工联主义工会领导人采取排外和抵制新工人的政策。

拉萨尔出身于德国犹太富商家庭，少年时代曾被称为神童，青年时代在柏林大学学习过黑格尔哲学，毕业后成了律师。他在欧洲 1848 年革命期间投身于革命运动，为马克思所领导的《新莱茵报》工作过，并曾被捕入狱。在

1849 年 2 月至 5 月期间，马克思和恩格斯曾四次以《拉萨尔》为标题在《莱茵报》上公开发表文章声援过拉萨尔的斗争。革命失败后，他继续从事律师工作，完成了为哈茨费尔特伯爵夫人办理离婚案的工作，伸张了正义，获取了良好的名声。当沉寂了一个时期的国际工人运动在 60 代年初开始复苏的时候，拉萨尔积极参加了德国工人运动，于 1862 年和 1863 年先后发表了《工人纲领》、《公开答复》等小册子。1863 年 5 月担任了当时最大的、最重要的德国工人组织——全德工人联合会的主席。而此时的马克思和恩格斯正在远离德国的英国，主要从事理论研究工作。在这种情况下，拉萨尔在德国工人中的名声和影响，自然要超过马克思和恩格斯，成了当时德国工人运动的领袖人物。拉萨尔主义是 19 世纪德国工人运动中的机会主义思潮，主要以拉萨尔为主要代表。认为无产阶级只要通过和平的合法的斗争争得普选权，就可以把君主专制国家变为自由的人民国家，否认无产阶级进行经济和政治斗争的必要性。

在第一国际后期，马克思和恩格斯集中力量同巴枯宁主义作斗争。

巴枯宁是无政府主义者，出生于俄国贵族地主家庭。1849 年，巴枯宁曾参加德意志革命，后被捕引渡回国，在被拘禁和流放西伯利亚期间背叛了革命事业。1861 年，他逃往英国，1864 年加入第一国际，隐瞒了背叛革命的经历，竟以革命英雄自居。在此期间，他玩弄各种阴谋，企图分裂第一国际，篡夺第一国际的领导权。他的这些伎俩一再被马克思主义者所戳穿。在 1872 年召开的第一国际海牙代表大会上，他指使党羽搞分裂活动，被大会开除出了第一国际。

通过上述斗争，马克思和恩格斯扩大了科学共产主义在国际范围的影响，提高了各国工人运动水平，为马克思主义在国际工人运动中取得主导地位奠定了基础，为后来各国无产阶级政党培养了一批骨干力量。

1871 年 3 月 18 日巴黎建立人类历史上第

一个无产阶级政权——巴黎公社。马克思尽力帮助公社领导制定正确的政策，动员各国工人声援巴黎公社。为总结公社经验，他受第一国际总委员会委托起草一个宣言，即《法兰西内战》，论证了无产阶级必须打碎资产阶级国家机器而代之以无产阶级专政这个重要原理。

1872年，第一国际召开海牙代表大会后，总委员会迁往纽约，从此马克思和恩格斯不再参加第一国际的领导工作，但他们继续为第一国际的事业奋斗着。

多年来，反动势力的疯狂迫害、极端贫困的生活条件和极度紧张的忘我劳动严重地损害了马克思的健康。晚年，马克思虽已病魔缠身，但他为完成《资本论》第二卷和第三卷，仍然继续收集和研究资料，不断发展政治经济学理论。

1872—1875年，马克思花了很大精力修改《资本论》第一卷法文版。

1875年，李卜克内西等领导的德国社会民主工党和拉萨尔派领导的全德工人联合会决定在德国哥达召开合并大会，在制定统一的新党纲时，把一些拉萨尔主义的错误观点写进纲领草案中。马克思认为，原则性纲领是在全世界面前树立起一些可供人们用以判定党的运动水平的界碑，决不能降低党的理论水平，用原则来做交易。于是，他抱病写了《对德国工人党纲领的几点意见》，这就是后来以《哥达纲领批判》著称的文献。马克思批判了"哥达纲领"中拉萨尔主义观点，阐述了无产阶级专政和共产主义理论。

马克思的《哥达纲领批判》是科学共产主义重要纲领性文献之一。它阐发了一系列重大理论问题，在关于资本主义向社会主义的过渡时期、关于无产阶级国家的作用和演变以及关于共产主义社会的发展阶段等问题上，把科学共产主义理论推进到了一个新的阶段。

接着，马克思同恩格斯一起，批判了杜林的冒牌社会主义，批判赫希贝格、伯恩施坦、施拉姆组成的所谓苏黎世 3 人团的机会主义，并关心欧美国家的工人运动和建党工作。

　　杜林于 1833 年出生于德国一个大官僚家庭，后来成为柏林大学讲师，小资产阶级思想家。1867 年，马克思《资本论》第一卷出版后，他写文章"批判"《资本论》。可是，在 1875 年前后，他却摇身一变，宣布他改信社会主义，并以社会主义改革家自居，扬言要在科学中实行一次全面的"改革"。他著书立说，发表了一系列著作，以假乱真，反对马克思主义。

　　苏黎世 3 人团是德国社会民主党内右倾机会主义集团。1878 年 10 月，《社会党人法》颁布后，移居瑞士苏黎世负责编辑党报《社会民主党人报》的赫希贝格、施拉姆、伯恩施坦 3 人于 1879 年 7 月以"3 颗星"为署名，在《社会科学和社会政治年鉴》上发表题为《德国社会主义运动的回顾》的文章，指责党对《社会党人法》的"施行并不是完全没有责任，因为它完全不必要地增加了资产阶级的怨恨"，主张党应表明"它不打算走暴力的流血的革命的道路"，而决定"走合法的"即改良的道路；

应"把自己的全部力量、全部精力用来达到某些最近的目标",这"就够做许多年了"。文章抨击党"宁愿作为一个工人党以极片面的方式进行活动",宣称社会民主主义运动应是由"一切富有真正仁爱精神的人领导的运动","首先争取"那些"在有教养的和有财产的阶级中出现的许许多多拥护者",还说"必须把全权委托书给予那些有足够的时间和可能来认真研究有关问题的人"。

马克思、恩格斯在9月中旬《给 A. 倍倍尔、W. 李卜克内西、W. 白拉克等人的通告》中,尖锐批评了伯恩施坦等人的文章,指出它主张改变党的阶级性质,其社会主义信念是《共产党宣言》中早就批判过的"真正的"社会主义的观点,并建议把他们开除出党,以保持党的纯洁,帮助党的领导人克服《社会党人法》实施后在德国社会民主党队伍中造成的理论上的混乱。1880 年 8 月,在苏黎世州维登召开的德国社会民主党秘密代表会议上,撤销了文章主要作者赫希贝格和施拉姆《社会民主党人报》的编辑职务。

1881 年 12 月和 1883 年 1 月，马克思的妻子和长女相继去世，给贫病交加的马克思是一个沉重的打击。1883 年 3 月 14 日，马克思与世长辞。他安葬于伦敦海格特公墓。

马克思作为马克思主义的创始人，他不仅以自己的毕生心血为人类留下了一座巨大的思想理论宝库，同时也在治学方面为人们树立了光辉榜样。

马克思积累了非常渊博的知识，他的知识领域包括哲学、经济学、法学、宗教学、逻辑学、美学、政治学、文学，甚至还触及数学、自然科学等。他能阅读欧洲许多国家的文字，能用德、法、英 3 种文字写作。马克思著作之丰，充分表现了他的勤奋精神和渊博学识。《马克思恩格斯全集》中文第一版共 50 卷，中文第二版 60 多卷（约在 2020 年前后出齐），而该全集国际版约 160 多卷。

（六）马克思故居

马克思故居位于德国古城特里尔市布吕肯街 10 号，它是一座灰白色的 3 层楼房，有淡黄的粉墙、棕色的门楣和窗沿、乳白色的窗扉，是当时德国莱茵地区的典型建筑，始建于 1727 年。1818 年，马克思的父亲亨利希·马克思律师租用了这所房子。同年 5 月 5 日，马克思诞生在这里。当年，楼上是马克思一家的住室，楼下是律师事务所。

1928 年，德国社会民主党用近 10 万帝国马克从私人手中买下了这座当时已改为铁器店的马克思故居，并将其改建为马克思恩格斯纪念馆。

1933 年，希特勒上台后，马克思故居被没收，文物被洗劫一空。直到 1947 年 5 月 5 日，马克思故居才又被辟为纪念馆开放。

纪念馆的第一层有 4 个展室：第一室，里面为接待室、问讯处；第二、三室，专门举办各种专题展览；第四室是电视录像放映室。

在第二展室中展出有马克思的出生证书、马克思与燕妮的结婚盟约和结婚证书，还有马克思家庭成员的照片、马克思的英文死亡证书等。

第二层上的第一展室是马克思父母的卧室，马克思就是在卧室后的小套间里出生的。墙上挂着许多照片、文件、手稿，玻璃展台里陈列着马克思和恩格斯的许多著作和相关的历史资料，其中包括马克思的毕业论文、博士证书等。第二展室介绍的是马克思和恩格斯从建立友谊到逝世为止的这段时期的情况。第四、五、六室介绍了马克思恩格斯与同时代革命家们的交往、建立共产主义者同盟、第一国际、各国工人政党和德国社会民主党的历史。在第五展室里陈列着马克思和恩格斯的全身铜像。他们肩并肩地站在一起，深邃的眼神凝视着前方。

故居第三层上第一展室介绍了马克思的共

产主义理论，玻璃橱里陈列着《共产党宣言》的各种版本。第二展室的展橱里陈列着马克思的《资本论》。第三展室收集了马克思许多著作的第一版，马、恩赠给友人的书籍，马、恩照片原版，手稿，书信，马克思赠给父亲的诗集的手抄本和马克思为燕妮收集的民歌等珍贵文物。

马克思故居的展览系统地展示了马克思一生的主要活动和业绩。1981 年，在离故居不远的地方修建了一座现代化的大楼，成立了马克思故居研究中心。1983 年 3 月 14 日，马克思逝世 100 周年之际，马克思故居研究中心还举办了关于马克思故居的特别展览。

马克思作为伟大的思想家、哲学家、经济学家，现代社会学的创始人，现代历史学科的引路者，永远受到包括德国人在内的全世界人民的尊重。作为德国当代思想界重镇的法兰克福学派，至今还在挖掘马克思睿智的思想。在德国的大学文科教材中，马克思是绕不过去的高峰。

马克思虽然只活了 65 岁，但他永远活在无产阶级革命者心中。

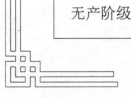

三、无产阶级革命和
资产阶级革命的不同

　　马克思恩格斯在《共产党宣言》中说："过去的一切运动都是少数人的或者为少数人谋利益的运动。无产阶级的运动是绝大多数人的、为绝大多数人谋利益的独立的运动。无产阶级，现今社会的最下层，如果不炸毁构成官方社会的整个上层，就不能抬起头来，挺起胸来。"①

---

　　①　马克思，恩格斯：《共产党宣言》，见《马克思恩格斯全集》，第4卷，477页，北京，人民出版社，1958。

列宁说："为了彻底战胜资本主义，第一、必须战胜剥削者和捍卫被剥削者的政权，这是用革命力量来推翻剥削者的任务；第二、担负起建设任务，就是建立新的经济关系，树立怎样做这件事情的榜样。实现社会主义变革任务的这两个方面是密不可分的，这使我们的革命不同于过去一切只满足于破坏方面的革命。"①

（一）性质不同的革命

资产阶级革命是一个剥削阶级推翻另一个剥削阶级的革命，即资产阶级推翻封建专制统治、建立资产阶级专政，为资本主义发展扫除障碍的革命。

资产阶级革命发生的原因是落后的生产关

---

① 列宁：《我国国内外形势和党的任务》，见《列宁全集》，第31卷，378页，北京，人民出版社，1958。

系严重阻碍了资本主义的发展，落后的生产关系包括封建制度或殖民主义统治。

例如，英国资产阶级革命的原因是斯图亚特王朝的封建专制统治阻碍了资本主义的发展，资产阶级与封建势力进行了长期的斗争，最后以光荣革命结束，使资本主义制度在英国确立起来。

无产阶级革命是与资产阶级革命相对的概念。它包括无产阶级在没有取得政治统治地位之前，不管革命的任务和革命的社会内容是什么，只要是无产阶级发动和领导的革命，都叫无产阶级革命，革命的目的或者说革命的直接任务就是使无产阶级在政治上夺取统治地位，建立无产阶级专政的国家。

社会主义革命是无产阶级发动和领导的革命，但这是在无产阶级取得统治地位之后，在无产阶级专政的条件下进行的把资本主义生产资料私有制社会改变为社会主义公有制社会的革命。这在革命对象、革命任务和革命方式方面，同无产阶级为夺取政权而进行的革命是有区别的。

无产阶级革命和社会主义革命这两个概念是不能混用的，这两个概念是必须明确区分的。

无产阶级革命和资产阶级革命在本质上是根本不同的，资产阶级革命是少数人的革命，无产阶级革命是绝大多数人为绝大多数人谋利益的革命。

（二）二月革命和十月革命

俄罗斯是个横亘欧亚大陆的大帝国，俄罗斯人源于东欧草原上的东斯拉夫人。东斯拉夫人是后来的俄罗斯人、乌克兰人和白俄罗斯人的共同祖先。

沙皇是俄罗斯帝国皇帝 1546 年到 1917 年的称呼。第一位沙皇是伊凡四世，最后一位沙皇是尼古拉二世。

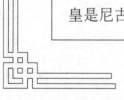

尼古拉二世登基时，以重工业为中心的俄罗斯工业体系得到完善，资本主义经济与腐朽落后的俄国国家制度之间产生了不可调和的矛盾。当时，俄罗斯国内贫富差距极大，大量农民破产，社会矛盾激化。面对这些情况，沙皇尼古拉二世从维护统治的角度出发，继续对内镇压，对外扩张。

1914 年，尼古拉二世带领俄国加入第一次世界大战，参加协约国一方，把俄国人民投入帝国主义战争的苦难之中。大约有 1400 万俄国青壮年被拉去当兵，大批工厂关门，大量土地荒芜，人民生活困苦不堪。于是，一个反对战争、反对沙皇制度的革命运动蓬勃开展起来。以列宁为领袖的布尔什维克坚决反对参加帝国主义战争，主张推翻沙皇的反动统治。

1917 年 3 月，俄罗斯首都圣彼得堡市民发动反饥饿游行，由此暴发了二月革命。

3 月 2 日，沙皇被迫退位，长达 300 年的罗曼诺夫王朝结束了。

可是，二月革命以后，俄国出现了两个政

权：一个是资产阶级把持的临时政府，另一个是工农兵代表苏维埃。

临时政府代表俄国资产阶级的利益，对外继续进行帝国主义战争，对内竭力维护旧的统治机器，要解散工人武装，消灭苏维埃政权。列宁领导的苏维埃政权得到了前线大多数士兵和后方工农群众的支持。

两个政权尖锐对立，列宁及时提出必须进行一次新的革命，把国家权力从临时政府手中夺过来。这时，临时政府慌了手脚，急忙从前线调来军队，准备消灭布尔什维克和苏维埃政权。

1917 年 10 月 20 日（俄历 10 月 7 日），在沙皇统治时期被迫流亡芬兰的列宁秘密地回到了彼得堡，加快了武装革命的进程。

布尔什维克党中央委员会通过了列宁关于举行武装起义的决议，不料武装起义的消息被人泄露了。

资产阶级临时政府得到起义的消息，警觉起来，立即下令逮捕列宁。

11月6日清晨，临时政府的军队突然开到布尔什维克的《工人之路报》和《士兵报》的印刷所，查封了这两家报纸。

消息传开，彼得堡全城的布尔什维克党人立即行动起来。赤卫队员和革命士兵赶到印刷所，把临时政府的军队轰了出去。上午11点，《工人之路报》照常出版，并刊登了列宁的指示："国家政权应该交给士兵代表苏维埃。执掌政权的应该是由苏维埃选出的，苏维埃有权更换的和对苏维埃负责的新政府。"

这话像黑夜里的指路明灯，大家不由得欢呼起来。他们知道，武装起义就要开始了。

几小时后，20多万人组成的革命队伍进入备战状态。这时，前来支援临时政府的外地军队全被武装起义的各地人民挡住，大批大批的临时政府军队的官兵转到人民一方，临时政府完全孤立了。

这天夜里，列宁一身工人打扮来到武装起义指挥部——斯莫尔尼宫，果断地下达了起义的命令："今天晚上，我们一定要把政府人员全部逮捕起来，解除他们的武装！"

列宁在革命的关键时刻，当机立断，做出了提前起义的决策，并亲自指挥起义，夺取政权。

在列宁的命令下，一队队赤卫队员、革命士兵和水兵出发后，彼得堡的重要桥梁、火车站、邮电局、电话局、银行等很快就被占领了。

第二天，即 11 月 7 日（俄历 10 月 25 日）。这天早晨，除了临时政府所在地冬宫和少数几个据点外，都掌握在革命军队的手里了。于是，列宁在这天举行苏维埃会议，隆重宣布说："布尔什维克领导的无产阶级革命已经成功了！"

这时，冬宫已经被革命军队团团围住。晚上 9 点 40 分，"轰隆隆"一阵巨响，总攻击的信号弹发射了。这信号弹是驶进涅瓦河的支持革命的水兵驾驶的"阿芙乐尔号"巡洋舰发射的。

随着炮声，一束束探照灯光把冬宫照得如

同白昼。攻打冬宫的部队呐喊着越过街垒，像潮水般地冲破宫门。守卫冬宫的临时政府部队被吓得魂飞魄散，大部分投降了，一小部分望风而逃。躲在宫里的 16 名临时政府部长全部被擒，只有临时政府总理克伦斯基逃跑了。

亚历山大·弗多洛维奇·克伦斯基是俄国地主资产阶级临时政府的总理，是苏维埃政权的死敌。原来，他不是逃跑，是搬救兵去了。

克伦斯基出生于俄国辛比尔斯克城（今俄罗斯联邦乌里扬诺夫斯克），是列宁的同乡，母亲出身贵族。

列宁的父亲和克伦斯基的父亲都是中学校长，克伦斯基的父亲曾是列宁的中学教师，两家是好朋友。克伦斯基比列宁小 11 岁，两人都毕业于彼得堡大学法律系。但由于成人后信仰不同，两人分道扬镳：列宁走上了无产阶级革命道路，克伦斯基走上了资产阶级革命道路。

克伦斯基大学毕业后，在彼得堡坦任律师，与一位俄罗斯将军的女儿结了婚。

1912 年，克伦斯基加入俄罗斯第四届国家杜马，并参加过俄国小资产阶级的团体——劳动团。不久，他成为俄国社会革命党的信徒。

克伦斯基巧舌如簧，善于夸夸其谈，又极富野心。列宁十分了解他，讽刺他是"小拿破仑"和"小牛皮家"。

第一次世界大战期间，克伦斯基支持俄罗斯参战。

1917 年，二月革命时期，克伦斯基参加了革命。推翻沙皇后，他加入社会革命党，在临时政府内担任司法部长。

这年 5 月 5 日，临时政府发生危机，进行改组，克伦斯基出任陆海军部部长。

在这期间，克伦斯基忠实地遵从资产阶级的意志，坚持把帝国主义战争进行下去。他曾亲自到前线巡视战场，劝说士兵不要放下武器。

这年 7 月 14 日，临时政府进行第二次改组，克伦斯基被任命为总理，同时兼任陆海军部部长。9 月，克伦斯基又兼任俄军总司令。

克伦斯基上台后，孟什维克和社会革命党人公开转向反革命营垒，俄国两个政权并存的局面结束了。

克伦斯基倒行逆施，维护旧的国家机器，保护大地主和资产阶级的利益。

这年7月底，布尔什维克召开第六次代表大会，制定了武装夺取政权的方针。

克伦斯基为了破坏布尔什维克武装起义，阻挠革命运动的发展，采取了一系列反革命措施。

8月12日，克伦斯基为动员地主资产阶级力量，召开了国事会议。在会上，克伦斯基威胁说将用"铁血"手段镇压一切革命力量，包括擅自夺取地主土地的农民在内。

接着，克伦斯基与俄军最高统帅部密谋，让反动将领科尔尼洛夫将前线军队调进彼得格勒，发动反革命叛乱，建立军事独裁政权。

8月25日，科尔尼洛夫叛乱一开始就遭到首都革命工人和士兵的反击，很快被粉碎了。

克伦斯基为了开脱罪责，立即声明他与叛

乱毫不相干，逃避了革命群众对他的惩罚。

这年 9 月、10 月期间，随着革命力量的迅猛发展，克伦斯基加紧了反革命部署。

为了蒙骗革命群众，克伦斯基拼凑了一个"民主会议"，会议代表大多由反动政党和反动团体把持。他们称之为"预备国会"，装出预备给人民以民主权利的样子。

同时，克伦斯基极力加强彼得格勒的军事力量，将前线反动军队调进首都，又建立了几十个突击营、士官生营和妇女营。

克伦斯基在冬宫多次召开秘密会议，阻止布尔什维克派出的政治委员到首都驻军中去，防范首都士兵革命化。同时，他还策划将首都迁往莫斯科，躲避彼得堡的革命群众。

1917 年 10 月 18 日，当克伦斯基得知布尔什维克的武装起义计划后，更加紧张地活动起来。他召开秘密会议，制定了一个防止起义和消灭布尔什维克的计划，并下令逮捕列宁。

彼得格勒阴云密布，街头岗哨林立，巡逻队横行市内。但克伦斯基的这一切并不能挡住革命的洪流，列宁做出了提前起义的伟大决策。

10月24日深夜，当克伦斯基正在内阁召开紧急会议时，列宁领导的武装起义爆发了。

起义的队伍迅速包围冬宫后，克伦斯基见势不妙，急忙乘美国大使馆的小汽车逃出了冬宫。

克伦斯基逃出彼得格勒后，到普斯可夫住进北方战线司令部。第二天，他纠集当地克拉斯诺夫将军的骑兵约5000人，向彼得格勒发起进攻，并扬言要在10月30日攻下首都。

同时，克伦斯基与暗藏在彼得堡的反革命组织秘密联系，要他们在城内策应，要士官生在克拉斯诺夫军队逼近首都时举行暴乱，以期内外夹攻，扼杀新生的苏维埃政权。

10月27日，克拉斯诺夫军队占领加特奇纳。

29日，到达沙皇村，离彼得格勒只有20公里了。

这时，克伦斯基满怀喜悦，接连向各省行

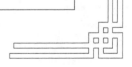

政专员下达命令，要他们将粮食运来，供他的军队到达彼得格勒时用。

这时，列宁立即动员革命士兵和赤卫队组织起来，全力反击克伦斯基。

革命军队在首都大门外挡住了敌人的猛扑，于 10 月 30 日转入反攻，占领沙皇村，给敌人以致命的打击。

10 月 31 日，克伦斯基为了挫伤革命军队的攻势，向布尔什维克提出谈判的要求，被列宁拒绝了。

克伦斯基见大势已去，只得扮成妇女人钻进加特奇纳旧宫殿的暗道逃走了。

当天，克伦斯基又化装成水兵，搭上开往摩尔曼斯克的塞尔维亚军用列车，逃出了加特奇纳，经芬兰到达巴黎，辗转去美国，成了丧家之犬。

移居美国后，克伦斯基继续进行反苏维埃政权的活动，于 1970 年死于纽约，享年 89 岁。

列宁领导的无产阶级革命是人类历史上第

一次获得胜利的无产阶级革命，世界上第一个社会主义国家由此诞生。十月革命的胜利沉重打击了帝国主义的统治，推动了国际社会主义运动的发展，鼓舞了殖民地半殖民地人民的解放斗争。

十月革命打破了资本主义一统天下的局面，向世界宣告一种新的社会制度诞生了。

十月革命以前的资产阶级革命是以一种剥削制度代替另一种剥削制度，而十月革命是消灭剥削制度，解放生产力，实现劳动人民当家作主，建设共同富裕的社会主义社会。

列宁是在无产阶级革命中贡献最大的人，但他也为此付出了巨大的代价。

十月革命成功后，反动派恨透了列宁，必欲将他置于死地。

1918 年 1 月 14 日，列宁在彼得格勒演讲后，和瑞士共产党人弗里茨·普拉廷同乘一辆汽车离开会场。途经一座大桥时，突然冲出 12 名不明身份的枪手向列宁猛烈射击。普拉廷急忙将列宁的头按在座位下。列宁幸免于难，而普拉廷掩护列宁的手却被打得鲜血直流。

1918 年 8 月 30 日，列宁在莫斯科郊外米赫尔松工厂向工人发表演讲后，刚要踏上汽车时，一位妇女上前和列宁交谈。列宁正在回答妇女的问题时，有人手握勃朗宁手枪在 3 步远的近距离向列宁连开 3 枪。第一发子弹射中了列宁左肩，第二发子弹射中了列宁的左胸后穿颈而过，第三发子弹打中了正在与列宁谈话的妇女。列宁当即倒地，不省人事了。等列宁恢复意识后，拒绝前往医院治疗，他的直觉认为还有下一个杀手在等着他。于是，列宁被迅速送往克里姆林宫。

在这次暗杀中，第二发子弹的位置很危险，医生不敢将其取出。子弹虽没有刺穿左肺，但由于血液流入肺脏，情况仍很严重。而列宁毫不畏惧，仍继续工作，身体竟渐渐康复了。但这次暗杀毕竟给列宁的健康带来了严重的后果，他晚年的中风与此不无关系。

1922 年 5 月，51 岁的列宁第一次中风，右侧部分瘫痪，开始减少政务。

这年 12 月，列宁第二次中风，被迫停止了政治活动，把权力移交给了斯大林。

1923 年 3 月，列宁第三次中风，直到去世一直卧床不起，也不能说话了。

1924 年 1 月 21 日，莫斯科时间 18 时 50 分，列宁在戈尔基村去世，终年 53 岁。

作为资产阶级革命家，克伦斯基虽然年近 90，但他的死却轻如鸿毛；而作为无产阶级革命家，列宁虽然刚过 50 岁，但他的死却重如泰山。

（三）无产阶级革命的根本任务

1. 革命导师对无产阶级革命根本任务的论述

马克思恩格斯在《共产党宣言》中说："共产党人的最近目的是和其他一切无产阶级政党的最近目的一样的：使无产阶级形成为阶

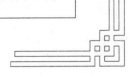

级，推翻资产阶级的统治，由无产阶级夺取政权。"①

列宁说："一切革命的根本问题是国家政权问题。不弄清这一点，便谈不上自觉地参加革命，更不用说领导革命。"② "人民根据经验确信，如果人民代表机关没有充分的权力，如果它是由旧政权召集的，如果同它并存的旧政权还是完整的，那么人民代表机关就等于零。事变的客观进程提到日程上来的，已经不是这样或那样地来修订法律和宪法的问题，而是政权问题，实际的权力问题。如果没有政权，无论什么法律，无论什么选出的机关都等于零。"③

列宁说："谁为人民的自由而斗争，但不为人民掌握全部政权而斗争，那他不是斗争不

---

① 马克思，恩格斯：《共产党宣言》，见《马克思恩格斯全集》，第 4 卷，479 页，北京，人民出版社，1958。

② 列宁：《论两个政权》，见《列宁全集》，第 24 卷，18 页，北京，人民出版社，1958。

③ 列宁：《杜马的解散和无产阶级的任务》，见《列宁全集》，第 11 卷，98 页，北京，人民出版社，1958。

彻底，就是别有用心。如果只从我们的推论的逻辑来看，那么争取自由的斗争和争取政权的斗争的关系就是这样。在争取自由的斗争史上，人民在争取自由的斗争初期，往往可以争到旧政权关于保障自由的诺言。不依靠人民的、高踞人民头上的旧的国家政权，由于害怕革命，答应人民保障自由。但是，只要人民还不能撤换政权机关，诺言就只是诺言，整个诺言就不能兑现。因此，在历次革命的历史中，当革命发展到一定阶段的时候，由于现实生活的教训，广大人民群众就对我们在上面推出的明显的逻辑有了深切的领会。"①

无产阶级革命最根本的任务是打碎资产阶级国家机器，武装夺取政权，建立无产阶级专政。

一切革命的根本问题是国家政权问题。没有政权，无论什么法律，无论选出的什么机关

---

① 列宁：《争取自由的斗争和争取政权的斗争》，见《列宁全集》，第10卷，353页，北京，人民出版社，1958。

都等于零。

无产阶级专政的理论是马克思主义的主要思想之一，马克思主义关于无产阶级专政思想的形成和发展是同无产阶级革命实践紧密相连的。

1848 年，马克思、恩格斯在《共产党宣言》中对无产阶级专政作了说明："工人革命的第一步就是使无产阶级上升为统治阶级，争得民主"；"无产阶级将利用自己的统治一步一步地夺取资产阶级的全部资本，把一切生产工具集中在国家即组织成为统治阶级的无产阶级手里，并且尽可能快地增加生产力的总量"。《共产党宣言》在阐明无产阶级专政在政治方面的历史使命的同时，也指出了无产阶级专政在经济方面的历史任务。

列宁认为一切革命的根本问题是国家政权问题，并详尽而透彻地论述了无产阶级革命的根本问题就是无产阶级专政问题。通过革命手段粉碎了资产阶级专政的国家机器而建立起来的无产阶级专政，是无产阶级同农民和其他一切劳动者的特殊的联盟，是阶级斗争在新条件下的另一形式的继续，是为镇压剥削阶级的反抗和抵抗外来的侵略，是为反对旧社会势力及其传统而进行的坚决的斗争，流血的与不流血的、武力的与和平的、军事的与经济的、教育的与行政的斗争。没有无产阶级专政，没有无产阶级专政在这些战线上充分发动劳动人民顽强地持续地进行这些不可避免的斗争，就不可能有社会主义的胜利。

列宁是这么说的，也是这么做的。他领导的十月革命为世界无产阶级革命树立了光辉的榜样。

2. 枪杆子里出政权

毛泽东在《战争和战略问题》中说："革命的中心任务和最高形式是武装夺取政权，是战争解决问题。这个马克思列宁主义的革命原则是普遍地对的，不论在中国在外国，一概都是对的。"

1927年4月12日，蒋介石发动反革命政变，大批共产党员被杀，毛泽东毅然回湖南领导了秋收暴动。他说："秋收暴动的发展是解决农民的土地问题，这是谁都不能否认的。但要发动暴动，单靠农民的力量是不行的，必须有军事帮助，有一两个团兵力，否则终要归于失败。暴动的发展是要夺取政权，没有兵力去夺取，这是自欺欺人的话。我们党从前的错误就是忽略了军事，现在应以百分之六十的精力注意军事运动，实行在枪杆子上夺取政权，建设政权。"

1927 年秋，毛泽东率领秋收起义部队到达宁冈后，开始讨论建立井冈山革命根据地的问题。当时，有人说建立农村革命根据地的事在国际上没有先例，在马列主义经典著作上也找不到记载；还有人对此表示怀疑，说山沟里能出马列主义吗？他们认为农村不是无产阶级革命的方向，中心任务是攻打中心城市，无产阶级革命的主要力量是工人。对此，毛泽东指出：目前的形势是敌强我弱，敌人一贯长期占据着中心城市，如果我们还没有足够的力量战胜敌人而又硬要同敌人死拼，就是拿鸡蛋去碰石头。我们今天进行战略退却是要在农村实行工农武装割据，在这里养精蓄锐，以待将来有足够的力量取夺取城市，解放全中国。

以王明为首的"左"倾教条主义者自称是"百分之百的布尔什维克"，排斥毛泽东为代表的正确路线，也叫嚷"山沟里出不了马列主义"。他们既没有毛泽东革命斗争实践的丰富经验，又不注重对中国国情和革命规律的研究，脱离中国国情与中国革命实际，把共产国际决议神化，苏联经验模式化，马克思主义教条化，在实践中完全照搬照套，几乎葬送了中国革命。

毛泽东根据对中国国情和中国革命特点的了解与分析，把马克思主义基本原理灵活地运用于中国革命实际，既否定了在中国进行合法斗争的可能性，也否定了在中心城市实施武装暴动的可能性，提出了"工农武装割据"、"农村包围城市"这样一条武装夺取政权的正确道路，为中国革命指明了方向。

四、无产阶级革命与修正主义

恩格斯说："现在也还有不少的人，以一种似乎是不偏不倚的观点向工人鼓吹一种凌驾于一切阶级对立和阶级斗争之上的社会主义。这些人如果不是还需要多多学习的初出茅庐的小伙子，就是工人阶级的最凶恶的敌人——披着羊皮的豺狼。"①

列宁说："资产阶级的议会，甚至是最民

---

① 恩格斯：《英国工人阶级状况》德文本第二版序言，见《英国工人阶级状况》，2 版，23 页，北京，人民出版社，1962 年。

主的共和国中的最民主的议会，只要国内还存在着资本家的所有制和资本家的政权，就总是一小撮剥削者压迫千百万劳动群众的机器。"[1]

（一）修正主义

修正主义是无产阶级革命中的一种错误思潮，它将无产阶级革命引上歧途，导致无产阶级革命的失败。

1957 年 3 月，毛泽东在《关于正确处理人民内部矛盾的问题》中说："修正主义，或者右倾机会主义，是一种资产阶级思潮，它比教条主义有更大的危险性。修正主义者，右倾机会主义者，口头上也挂着马克思主义，他们也在那里攻击'教条主义'。但是他们所攻击的

① 列宁：《给欧美工人的信》，见《列宁全集》，第 28 卷，409—410 页，北京，人民出版社，1958。

正是马克思主义的最根本的东西。他们反对或者歪曲唯物论和辩证法，反对或者企图削弱人民民主专政和共产党的领导，反对或者企图削弱社会主义改造和社会主义建设。在我国社会主义革命取得基本胜利以后，社会上还有一部分人梦想恢复资本主义制度，他们要从各个方面向工人阶级进行斗争，包括思想方面的斗争。而在这个斗争中，修正主义者就是他们最好的助手。"

1962 年 1 月，毛泽东在《在扩大的中央工作会议上的讲话》中说："苏联是第一个社会主义国家，苏联共产党是列宁创造的党。虽然苏联的党和国家的领导权现在被修正主义篡夺了，但是，我们坚决相信，苏联广大的人民，广大的党员和干部是好的，是革命的，修正主义的统治是不会长久的。无论什么时候，现在，将来，我们这一辈子，我们的子孙，都要向苏联学习，学习苏联的经验。不学习苏联要犯错误。人们会问：苏联被修正主义统治了，还要学吗？我们学习的是苏联的好人好事，苏联党的好经验，至于苏联的坏人坏事，苏联的修正主义者，我们应当看作反面教员，从他们那里吸取教训。"

修正主义是在共产主义运动中对马克思主义进行歪曲、篡改、否定的资产阶级思潮和政治势力，产生于 19 世纪 90 年代。

由于马克思主义在理论上的胜利，逼得敌人不得不披上马克思主义的外衣来反对马克思主义。

（二）伯恩施坦与修正主义

"修正主义"一词源于伯恩施坦。伯恩施坦于 1850 年 1 月 6 日出生在德国柏林的一个犹太人家庭，父亲是火车司机。

1866 年，中学肄业后，伯恩施坦当过一段时间的学徒。20 岁后，伯恩施坦曾在一家银行当职员，直至 1878 年。

　　1862—1880 年，伯恩施坦受反普鲁士君主专制运动的影响，有了自由主义和民主主义的思想，成为小资产阶级社会主义者。

　　后来，伯恩施坦一度受马克思主义尤其是恩格斯思想的重大影响，倾向于马克思主义，自称是"马克思的学生"，开始投机革命。

　　从 1881 年初起，伯恩施坦开始在瑞士苏黎世负责主编德国社会民主党的机关报《社会民主党人》，在报上发表过多篇受恩格斯称赞的文章，赢得了"正统派马克思主义者"的称号，骗取了恩格斯的信任。

　　1888 年 5 月，在德国俾斯麦政府的干预下，伯恩施坦随《社会民主党人》编辑部从苏黎世迁往伦敦。

　　那时，英国经济比德国要发达得多，生产技术和工具远比德国先进，特别是第二次技术革命给英国社会各个方面带来了空前的发展，工人的收入普遍提高了，生活好了，劳动条件也改善了。面对这些现实，伯恩施坦内心深处的小资产阶级思想又萌动了，开始怀疑曾经坚持和信奉的暴力革命的正确性。他常想：是否存在其他更好的工人解放之路？

1890 年，德国俾斯麦政权垮台。这年 2月，德国社会民主党在议会选举中获得巨大胜利，社会民主党在议会中的地位空前提高。这极大地鼓舞了社会民主党中非马克思主义者搞和平社会主义运动的信心。

同年 4 月，伯恩施坦在《社会民主党人》报上发表了 3 篇短文，指出这次议会选举胜利的重大意义，提出了"走向完全政治自由的道路是通过议会制度，而不是绕过议会制度"的主张。

1893 年 7 月底，恩格斯立遗嘱时，把全部手稿和书信遗赠伯恩施坦和倍倍尔，把伯恩施坦作为遗嘱执行人之一。这样，伯恩施坦在无产阶级革命中的地位大为提高，成为德国社会民主党的党魁。

恩格斯逝世后，身为德国社会民主党党魁的伯恩施坦公然叫嚣"马克思主义需要修正"。于是，无产阶级政党内的修正主义出现了。

接着，伯恩施坦开始发表文章提倡同资产阶级合作，主张和平进入社会主义。

1896 年以后，伯恩施坦发表了大量文章，指出在这新旧世纪交替之际，世界各国尤其是欧洲发达国家的社会、经济都已经发生了根本的变化，马克思主义已经不适于指导世界变革，必须重新认识资本主义社会和社会主义问题。

1899 年 2 月，伯恩施坦出版了著名的《社会主义的前提和社会民主党的任务》，用他的社会主义观点对马克思主义作了全面的修正。

伯恩施坦在这部书中强调"民主"对于社会主义具有关键的意义，指出"民主"这一概念包含着一个"法权"观念，社会的一切成员权利平等，民主是手段，同时又是目的。它是争取社会主义的手段，它又是实现社会主义的形式，没有民主就没有社会主义，因而称之为"民主社会主义"。

"民主社会主义"实质上是资产阶级改良主义的变种，主张"博爱"也就是"阶级调和"，主张劳资双方"互利共赢"也就是"阶级合作"，以福利制度缓和阶级矛盾。这种对劳动人民的欺骗竟被资产阶级政治家鼓吹为"民主"。

伯恩施坦认为社会主义只是资本主义社会向全面民主发展的一个渐长渐进的运动过程。

针对马克思主义将阶级斗争视为社会发展动力的观点，伯恩施坦说："我并不认为对立面的斗争是一切发展的动力，相似的力量的合作也是发展的一个巨大动力。"

伯恩施坦进一步提出了阶级合作的观点，认为资本主义社会和以往的一切社会制度不同，不像以往的制度要靠暴力来摧毁才能建成一个新的社会制度。资本主义社会自身具有自我更生的能力，只要社会民主党人通过积极地组织和行动来继续发展它，就可以逐步实现社会主义。

伯恩施坦说社会主义并不是一种具体的社会模式，只是一种社会进程，社会主义也并没有一个最终阶段，它总是在不断进步。

伯恩施坦不同意列宁主义的国家学说，认为国家并非只能成为阶级压迫的工具，而是可以超越阶级的全社会的共同事务的委员会。

《社会主义的前提和社会民主党的任务》一书出版后，广泛被社会民主党人接受。这标志欧洲社会主义运动摆脱了传统马克思主义的影响，独立发展成为系统的民主社会主义学派，并最终使民主社会主义与共产主义（列宁主义）决裂了。两派的基本原则分歧在于是否坚持阶级斗争，是否坚持无产阶级专政。

在资本主义充分发展的西欧，修正主义得到广泛传播；而在资本主义发展严重滞后的东欧，共产主义得到了发展。两大派本来是工人运动内部的意见分析，在恩格斯逝世后逐渐成为两大政党的原则分歧，甚至列宁主义政党对伯恩施坦主义政党的抨击占据了政治斗争的主要部分。

在伯恩施坦主义的影响下，西欧各国工人政党开始放弃阶级斗争，主张议会斗争和阶级合作。西欧政府也适应社会发展的需要，先后废除对伯恩施坦主义政党的限制，允许其参加议会选举，甚至邀请其参加联合政府。

在工人运动的推动下，英国工党开始取代民主党成为与保守党分庭抗礼的主要政党。后来，法国社会党、德国社会民主党与英国工党共同发起组织"第四国际"，即社会党国际，并成为欧洲的主要执政党。

在社会党执政期间，西欧各国政府采取限制劳动时间、提高最低工资标准、发展社会福利等一系列措施，推动西欧各国从资本主义国家进入福利国家。

在列宁主义的影响下，东欧各国政党坚持阶级斗争和无产阶级专政，主张暴力革命。在第一次世界大战后，列宁领导俄国十月革命取得胜利，建立了第一个无产阶级专政的社会主义国家。

伯恩施坦抛弃了阶级斗争和无产阶级专政，认为在西欧各国一方面由于国家机器无比强大，暴力革命不可能成功，另一方面存在开放的议会，暴力革命没有必要，可以通过议会斗争迫使资产阶级做出让步，从而逐步改善无产阶级的生存状况。

列宁则认为资产阶级不会自动放弃政权，必须依靠暴力革命才可以从根本上改善无产阶级的生存状况。

伯恩施坦驳斥马克思对于资本主义即将灭亡的预测，并指出马克思的预测并没有被论证。他认为尽管资本家产业的集中过程很显著，但它并没有成为普遍现象，并且资本的所有权变得更加分散。他还指出了马克思的劳动价值理论的一些缺陷。

伯恩施坦坚持认为社会主义是可以通过资本主义实现的，而不是通过资本主义的灭亡来实现。工人逐渐争取到权利，他们痛苦的根源就会消失。同样，革命的基础也会消失。

修正主义是一种资产阶级思想在特定历史条件下的变种，表现为以实现个人利益最大化为最终目的，是以维护、巩固人类社会的私有制和人剥削人制度为目标的思潮。

自从资产阶级和无产阶级这对"双胞胎"正式登上人类社会历史舞台，马克思主义与修正主义也基本同时形成和发展起来。

由于马克思主义革命的彻底性，论述革命理论的完整性、严密性和科学性，在无产阶级中获得了崇高的声誉，成为了无产阶级革命运动的行动指南。而修正主义一改以往的方法，也"崇拜"起马克思主义来，对马克思主义的革命核心原理部分进行了"必要修正"，使之成为麻痹无产阶级斗志、调和无产阶级同资产阶级之间的矛盾、为资产阶级服务的工具，从而成为与马克思主义争夺无产阶级革命运动领导权的重要势力。

修正主义深受资产阶级的推崇和欢迎，成为引导无产阶级倒退的一股强大逆流，把轰轰烈烈的无产阶级革命运动引上了歧途。

（三）真理必胜

自从修正主义产生后，它像瘟疫一样在共产主义运动和无产阶级政党中传播，一步一步地摧毁共产党人向共产主义目标奋斗的先锋模范作用，把共产党改造成了一个个"社会民主党"，甚至是把共产党搞成了无产阶级和劳动大众的天然敌人；把社会主义变成了资本主义，给国际共产主义运动造成了严重的危害，导致社会主义阵营的瓦解。

马克思列宁主义同修正主义的矛盾是不可调和的。同修正主义斗争是无产阶级反对资产阶级的革命斗争中的一个不可分割的组成部分，是全世界人民反对帝国主义奴役的解放斗争的一个不可分割的组成部分。不同修正主义进行长期的、顽强的斗争，就谈不上坚持马克思列宁主义，谈不上反对帝国主义，就不可能取得无产阶级革命的胜利，就不可能建立起无产阶级专政，就不可能建成社会主义并过渡到共产主义。

共产主义运动的发展历史证明了马克思列宁主义是战无不胜的。马克思列宁主义之所以万能，就是因为它正确。马克思列宁主义帮助无产阶级认清了自己的斗争目标，了解了事变

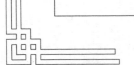

的全部规律性，坚定地沿着既定方向前进，取得胜利并巩固了胜利。

　　尽管修正主义者可以喧嚣一时，但是在整个共产主义运动中，它毕竟是一股逆流，终究要被马克思列宁主义的革命洪流所淹没。

五、无产阶级在革命中要争取大量的同盟者

1851 年 12 月至 1852 年 3 月，马克思写了《路易·波拿巴的雾月 18 日》。

马克思在这部光辉著作中运用唯物史观分析了 1848 年 2 月革命到 1851 年 12 月路易·波拿巴举行反革命政变这一时期法国历史的发展进程，对国家和无产阶级专政理论作了新的阐述，明确提出无产阶级必须通过革命手段，"集中自己的一切破坏力量"，打碎资产阶级国家机器，建立自己的政权，才能使自己获得解放，并提出了工农联盟的思想。

马克思认为随着小块土地所有制的日益解体和农民对资产阶级的幻想的破灭，农民就把负有推翻资产阶级制度使命的城市无产阶级看作自己的天然同盟者和领导者了。

列宁在《关于俄国社会民主党统一代表大会的报告》中说："资产阶级革命愈向前发展，无产阶级就愈要在资产阶级民主派的左面寻找自己的同盟者，愈要放弃资产阶级民主派上层而深入到它的下层中去。"①

列宁在《共产主义运动中的"左派"幼稚病》中说："要战胜比较强的敌人，只有尽最大的力量，同时必须极仔细、极留心、极谨慎、极巧妙地一方面利用敌人之间的一切裂痕，哪怕是最小的裂痕，利用各国资产阶级之间以及各个国家内资产阶级各集团或各派别之间的一切利害对立，另一方面要利用一切机会，哪怕是极小的机会，来获得大量的同盟

---

① 《列宁全集》，第 10 卷，329 页，北京，人民出版社，1958。

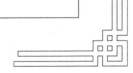

者，尽管这些同盟者是暂时的、动摇的、不稳定的、靠不住的、有条件的。谁不懂得这一点，谁就是丝毫不懂得马克思主义，丝毫不懂得一般的现代科学社会主义。"①

（一）统一战线

1934 年 10 月，中国工农红军为了实行战略转移，中央红军主力开始长征。1936 年 10 月，红军第一、二、四方面军在甘肃会宁胜利会合，结束了长征。

长征结束后，红军胜利到达陕北。为了斩断"尾巴"，毛泽东亲自指挥直罗镇战役，消灭了紧跟在后面的敌人。直罗镇大捷后，毛泽东、周恩来等中央领导从前线出发于 1935 年

---

① 《列宁全集》，第 31 卷，52 页，北京，人民出版社，1958。

12月13日秘密抵达瓦窑堡，中央军委随之迁入瓦窑堡下河滩。于是，瓦窑堡成为中国革命的中心，被誉为"红都"。

当时，日本帝国主义为吞并中国，对华北地区发动新的进攻，中国面临沦为日本殖民地的危险。中日民族矛盾日渐尖锐，全国人民一致要求抗日。在这种形势下，12月17日至25日，中共中央在瓦窑堡下河滩田家院召开了政治局扩大会议，这就是瓦窑堡会议。

瓦窑堡会议是在中国抗日民族革命运动面临新高潮的形势下，中国共产党召开的一次极为重要的会议。会上，毛泽东作报告分析了当时政治形势的基本特点和阶级关系的新变化，并在此基础上规定了党在新形势下的路线，即发动、团结与组织全中国全民族一切革命力量去反对当前主要的敌人——日本帝国主义与蒋介石反动派。

会议在讨论制定统一战线的策略时，着重批评了党内长期存在的"左"倾关门主义倾向，并指出："在目前形势下，关门主义是党内的主要危险。"

会议对党的若干政策予以必要的改变，如对小资产阶级的政策、知识分子政策、白军政策、富农政策、民族工商业资本家政策、华侨政策，从而全面系统地解决了关于建立抗日民族统一战线的一系列问题，确定了抗日民族统一战线的策略路线。

这次会议解决了遵义会议没有来得及解决的党的政治路线问题，保证了党在新形势下，在极其复杂的斗争中，保持清醒的头脑，团结一切可能团结的力量，领导全国人民迎接伟大的抗日战争。

毛泽东在瓦窑堡会议上作报告时说，无产阶级政党为实现一定的战略任务或反对主要敌人，要同其他国家或其他阶级、阶层、党派、社会团体以及一切可能团结的社会力量结成的联盟。

以毛泽东为主要代表的中国共产党人，在长期的统一战线实践中，把马克思列宁主义的普遍原理与中国的具体实际相结合，逐步总结出一套具有中国特色的统一战线理论和政策：在统一战线中牢牢坚持中国共产党的领导权和独立自主原则；以工农联盟为坚固基础，争取、团结农民和其他劳动人民以外的广大非劳动者同盟军；创造性地将中国资产阶级区分为官僚买办资产阶级和民族资产阶级两部分。在民主革命阶段将民族资产阶级作为直接同盟军，并且利用官僚买办资产阶级内部矛盾，与其一部分结成暂时联盟，将其当作间接同盟军；坚持同资产阶级又联合又斗争的政策。

统一战线就广义而言，是指不同的社会政治力量（包括阶级、阶层、政党、集团乃至民族、国家等）在一定的历史条件下，为了实现一定的共同目标，在某些共同利益的基础上组成的政治联盟。简要地说，统一战线就是一定社会政治力量的联合。

我们统一战线是在马克思主义的理论指导下，由无产阶级及其政党组织和领导的统一战线。无产阶级及其政党领导的统一战线，是无产阶级为了实现自己的历史使命，实现革命战略目标和任务，团结本阶级各个阶层和政治派别，并同其他阶级、阶层、政党及一切可能团结的力量，在一定的共同目标下结成的政治联盟。因此，这个统一战线就是解决无产阶级解放运动中的自身团结统一和同盟军的问题。

1939 年 10 月，毛泽东在《〈共产党人〉发刊词》一文中总结两次国内革命战争的经验教训，揭示中国革命的客观规律时说 18 年的经验已使我们懂得："统一战线，武装斗争，党的建设是中国共产党在中国革命中战胜敌人的三个法宝，三个主要的法宝。"

统一战线和武装斗争是战胜敌人的两个基本武器，统一战线是实行武装斗争的统一战线，而党的组织则是掌握统一战线和武装斗争这两个武器以实行对敌冲锋陷阵的英勇战士，这就是三者的相互关系。正确地理解这三个问题及其相互关系才能正确地领导中国的无产阶级革命。

1949 年 6 月，毛泽东在《论人民民主专政》中对三大法宝的内容和意义作了更加完整的概括：一个有纪律的，有马克思列宁主义的理论武装的，采取自我批评方法的，联系人民群众的党、一个由这样的党领导的军队、一个由这样的党领导的各革命阶级各革命派别的统一战线，这三件是我们战胜敌人的主要武器。依靠这三件，使我们取得了革命的基本胜利。

毛泽东科学地分析了中国社会各阶级的状况，指出农民是无产阶级的天然的和最可靠的同盟军，工农联盟是革命的主要依靠力量。农民以外的小资产阶级也是无产阶级的可靠的同盟者。中国资产阶级分为两部分，一部分是依附于帝国主义的大资产阶级，另一部分是民族资产阶级。由于他们代表的生产关系不同，对革命所持有的态度也不同。

民族资产阶级具有两重性：一方面，由于他们受帝国主义的压迫和封建主义的束缚而赞成反帝反封建的革命运动，有一定的革命性；另一方面，由于他们在经济上和政治上软弱，同帝国主义和封建主义有着千丝万缕的联系，因而在反帝反封建的斗争中又有妥协性。这就决定了它在一般情况下能够参加革命统一战线，成为无产阶级联合的力量，但是在一定历史环境下，它也会动摇，跟随大资产阶级离开统一战线。

大资产阶级是直接为帝国主义服务并为他们所豢养的阶级，是革命的对象。但是，由于大资产阶级的各个集团是以不同的帝国主义为背景的，所以当各帝国主义相互间的矛盾尖锐化，当革命锋芒主要是反对某一个帝国主义时，依附于某个帝国主义的大资产阶级集团也可能在一定程度上和一定的时期内参加反对另一个帝国主义的斗争。所以，无产阶级在同资产阶级结成统一战线时，就应该实行又团结又斗争、以斗争求团结的政策；在被迫同资产阶级，主要是同大资产阶级分裂时，要敢于并善于同大资产阶级进行坚决的武装斗争，同时继续争取民族资产阶级的同情或中立。

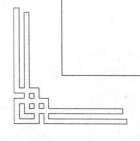

（二）争取同盟军

红军初到陕北时，立足未稳，处境十分艰难。蒋介石为了消灭红军，特地调集重兵前来围剿，其中就有张学良统领的东北军。

为了抗日大局，为了实现西北地区红军与国民党军队之间的停火，毛泽东几次派汪锋等人前往西安，代表红军与西北军、东北军谈判，利用他们与蒋介石之间的矛盾分化之，瓦解之。

毛泽东与汪锋就如何利用矛盾争取东北军、西北军等问题作了几次谈话。毛泽东指示说敌人阵营中也会发生变化甚至分裂的，我党与民族资产阶级重建统一战线是完全可能的，决不能实行狭隘的关门主义政策。过去的政策要作适当的调整，要改变限期消灭富农的政策，要团结一切爱国的开明绅士，要争取中产阶级的一部分，要争取地方势力，要大量吸收知识分子。对军阀，我们要向前看，不要往后看，对他们干过的反人民的坏事不要耿耿于怀，更不要看他们生活如何腐化，只要有一点民族气节就好，要在抗日的旗帜下团结他们。我们要体谅军阀的难处，打红军是蒋介石胁迫的。为了争取他们，在发生冲突的时候，我们甚至可以暂时让出一些地方。

在分析西北军与东北军时，毛泽东对汪锋说东北军和西北军都不是蒋介石的嫡系部队，是地方势力，是受蒋介石排斥和打击的。蒋介石让他们打红军，是要达到他们与红军两败俱伤的目的。由于蒋介石排斥和削弱这些杂牌军，他们与蒋介石的矛盾是不可调和的。东北军要求打回老家去的愿望很强烈，西北军是典型的地方势力，他们要扩大实力，控制地盘，对抗"中央"，同蒋介石嫡系胡宗南的矛盾必然日益突出。杨虎城和中下级军官都有反蒋抗日思想。我们的方针是保存东北军、西北军，在抗日的旗帜下争取张学良、杨虎城，壮大抗日力量。在他们不觉悟的时候，还是要打他们一下，直罗镇战役就是这样。但打不是目的，目的在于促使他们觉悟，使他们认识到"剿共"是没有出路的。在 1935 年，汪锋以红军代表的身份赴西安同西北军杨虎城谈判，并达成共同抗日协议。

毛泽东利用敌人内部矛盾，积极开展争取张学良、杨虎城的工作，促使他们转变到抗日民族统一战线的立场上来。

一次，红军在与东北军作战时，俘虏了曾经担任张学良卫队营长的高福源。红军认真执行毛泽东制定的优待俘虏政策，妥善地照料他，同时还向他讲停止内战，团结抗日的道理，让他认清了蒋介石"攘外必先安内"政策的实质，并向他提出红军与东北军联合抗日的建议。

毛泽东制定的统一战线和俘虏政策使高福源思想发生了变化，他决定返回东北军去劝张学良走联共抗日的道路。

高福源被释后，回到东北军军部，急忙去

见张学良，向张学良痛哭陈词，劝他联合红军共同抗日，打回老家去。张学良一听心就动了，决定走联共抗日的道路，当即派高福源重返红军驻地，请红军派正式代表与东北军商谈联合抗日问题。

毛泽东听说后，立即亲自接见高福源，感谢他为国家民族办了一件大好事。此后，红军与张学良频繁接触，张学良很快便走上了联共抗日的道路。

高福源于 1901 年出生在辽宁省营口县马家屯村，即今天的大石桥市博洛铺镇神树村。父亲高玉麟曾任袁世凯时期的管带，即骑兵营长。高福源十多岁时，在北京汇文中学读书，1921 年考入北京辅仁大学。1923 年秋，考入东北讲武堂第五期学习。毕业后，历任东北军连长、张学良卫队营长、少校团副、中校主任、上校团长、少将旅长等职。

1931 年"九·一八"事变爆发后，高福源随东北军退守关内。他在目睹日寇给东北人民带来的深重灾难后，总是以身为军人，在国难当头之日未能报效国家为最大憾事。

1933 年初，日寇为侵入华北，发动了长城之战。高福源率军勇敢地奔赴抗日前线，与日寇血战。为了能够早日收复疆土，高福源从严治军，狠抓训练，严肃军纪，并身体力行，因而深得部下的拥护和驻地民众的爱戴。他的部队开拔时，驻地百姓扶老携幼为之送行，这在当时的军阀军队中是极为罕见的。1936 年，高福源秘密加入中国共产党。

在毛泽东的指挥下，在汪锋和高福源等人的努力下，在西北形成了红军、东北军、西北军停止内战，一致抗日的局面。

毛泽东化敌为友，过去与红军作战的东北军、西北军成了红军的同盟军。

六、无产阶级在革命中
必须有自己的政党

列宁在《俄共（布）第十大代表大会关于我们党内的工团主义和无政府主义倾向的决议草案初稿》中说："只有工人阶级的政党，即共产党，才能团结、教育和组织成无产阶级和全体劳动群众的先锋队，也只有这个先锋队才能抵制这些群众中不可避免的小资产阶级动摇性，抵制无产阶级中不可避免的种种行会狭隘性或行会偏见的传统和恶习，并领导全体无产阶级的一切联合行动，也就是说在政治上领导无产阶级，并且通过无产阶级领导全体劳动群众。不这样，便不能实现无产阶级专政。"①

毛泽东说："既要革命，就要有一个革命党。没有一个革命的党，没有一个按照马克思列宁主义的革命理论和革命风格建立起来的革命党，就不可能领导工人阶级和广大人民群众战胜帝国主义及其走狗。"②

（一）没有无产阶级政党就没有国际共产主义运动

无产阶级政党是无产阶级的政治代表，是以维护无产阶级利益，以实现共产主义为最终目标的政治组织。

---

① 《列宁全集》，第 32 卷，233 页，北京，人民出版社，1958。

② 毛泽东：《全世界革命力量团结起来，反对帝国主义的侵略》，见《毛泽东选集》，第 4 卷，1360 页，北京，人民出版社，1964。

无产阶级政党是在无产阶级反对资产阶级和其他剥削阶级斗争的一定阶段上出现的，是科学社会主义和工人运动相结合的产物。

无产阶级政党由无产阶级先进分子组成，是工人阶级中最忠诚、最有觉悟的部分，是工人阶级的核心、先锋队和战斗指挥部，是工人阶级实现伟大历史使命的先进部队。

无产阶级政党坚持以马克思主义理论作为指导思想，坚持以民主集中制为组织原则，能够制定和坚持正确的政治纲领，并带领群众前进。

1846—1848 年间，马克思和恩格斯开始思考共产党在革命过程中的地位问题。他们认为共产党或者革命者的作用并非如同各种空想社会主义流派所主张的那样，仅停留在工人运动的边缘地带，通过宣传向人民宣扬真理，而是应当密切地参与阶级斗争，帮助无产阶级通过自己的历史实践找到革命的道路。此外，共产党也不能发挥雅各宾主义的领头作用或者巴贝夫主义（或布朗基主义）密谋组织的作用，更不能自以为高高凌驾于人民群众之上，代替人民群众"搞革命"。

马克思和恩格斯认为被统治阶级的普遍利益不能被异化为一个高居人民群众之上的"不朽的领袖"或者"开明的少数派"的形象。

马克思主义的革命党不是资产阶级和空想社会主义者的"最高救世主"的继承者；它是为解放而斗争的被统治阶级的先锋队，也是唤醒人民群众并支持其斗争行动的工具。它的作用不是代替或超越工人阶级而行动，而是引导工人阶级走向自我解放的道路，走向社会革命。

1973 年 3 月，邓小平指出："我们必须坚持共产党的领导。自有国际共产主义运动以来，就证明了没有无产阶级的政党就不可能有国际共产主义运动。自从十月革命以来，更证明了没有共产党的领导，就不可能有社会主义革命，不可能有无产阶级专政，不可能有社会主义建设。"

（二）没有共产党，就没有新中国

马克思主义认为，政党是阶级斗争的产物，它是在阶级社会中，一定的阶级或阶层的政治上最积极的代表。政党是为了共同的利益和共同的政治目的，特别是为了取得政权和保持政权，而在阶级斗争中形成的政治组织。

政党本质上是特定阶级利益的集中代表者，是特定阶级政治力量中的领导力量，是由各阶级的政治中坚分子为了夺取或巩固国家政治权力而组成的政治组织。

无产阶级是最革命的，也是革命最彻底的。无产阶级只有解放了全人类，才能彻底解放自己，这是由于无产阶级的阶级属性所决定的。无产阶级失去的只是"锁链"，得到的将是"全世界"。

没有共产党，就没有新中国。坚持共产党

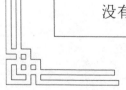

的领导，是共产主义运动胜利的前提和保证。

无产阶级革命必须有马克思主义政党的领导，只有通过共产党才能把无产者组织起来，并提高他们的觉悟和组织程度，使他们意识到自己的历史地位和作用，由自发的阶级转变为自觉的阶级，联合起来推翻旧的剥削制度，建立无产阶级专政政权。

共产党是由马克思主义理论武装的无产阶级的政党，它具有科学的世界观和方法论，因而能够从总体上把握历史发展的规律，制定出正确的纲领、路线和策略，组织和发动群众，使革命和建设事业沿着正确的航向一步步地走向胜利，最终完成实现共产主义的伟大使命。

1840 年鸦片战争之后，中国逐步沦为半殖民地半封建社会。中国人民为了民族的独立和人民的自由民主，进行了艰苦卓绝、不屈不挠的斗争，先后爆发了太平天国农民革命战争、义和团运动、戊戌变法和辛亥革命。由于没有先进思想武装的先进阶级和政党的领导，都相继失败了。

中国近代革命史说明中国的农民阶级具有强烈的革命性，是一支巨大的革命力量，但它不是先进生产力的代表，提不出正确的纲领和路线，不可能领导中国革命取得胜利，建立一种崭新的社会制度。

中国民族资产阶级的两面性决定了虽然它具有革命的一面，但在政治上有软弱性和妥协性，缺乏彻底的反帝反封建的革命勇气，也不可能担当起领导中国革命取得胜利的重任。

中国无产阶级是先进生产力的代表，深受帝国主义、封建主义和官僚资本主义的压迫，具有最坚决最彻底的革命精神。同时，他们与农民阶级有着天然的联系，便于和农民结成牢固的联盟。因此，领导中国革命的责任落到了中国无产阶级及其政党的肩上。

中国共产党是马克思列宁主义同中国工人运动相结合的产物，中国共产党把马克思列宁主义的普遍原理同中国革命的具体实际相结合，领导全国各族人民完成了反帝反封建的新民主主义革命，结束了中国半殖民地半封建的社会历史，并通过三大改造消灭了剥削制度和剥削阶级，确立了社会主义制度，实现了国家独立，使中华民族以崭新的姿态屹立于世界民族之林。

中国共产党自 1921 年成立以来，已经走了近百年的光荣的历史道路。在党的初创时期，它只有几十个成员、几个小组；今天，它已经成为有 8 千多万成员、领导着 13 亿人口的伟大的中华人民共和国的执政党，成为全中国各族人民公认的领导核心。

中国共产党的领导地位不是自封的，而是在长期的斗争实践中逐步形成的。党的领导地位和核心作用的确立符合中国社会发展的客观规律和广大人民的根本利益，具有历史的必然性。

实践证明，没有共产党就没有新中国，中国革命和建设的胜利都离不开中国共产党的领导。只有在中国共产党的领导下，国家才能富强，社会主义建设才能顺利进行，这是历史的结论。

（三）共产党人学习的榜样

李大钊是中国共产主义运动的先驱、伟大的马克思主义者、杰出的无产阶级革命家、中国共产党的主要创始人之一。他为中国共产党的创建呕心沥血，做出了卓越的贡献。

李大钊，字守常，河北乐亭人，生于1889年10月29日。

李大钊幼年丧父丧母，全靠祖父李如珍抚养。李如珍饱读诗书，很有见识，极具爱国心，不满清朝的腐朽统治和帝国主义的野蛮侵略。他为人正直，乐于助人，百姓十分尊敬他。李大钊深受祖父影响，继承了祖父的全部优点。

李大钊出生时，李如珍已经60多岁了。他极疼爱这个孙子，对李大钊管教严格。从3岁起，李大钊就随祖父识字读书，祖父白天

教，晚上问，直到他学会了才睡觉。由于学习用心，李大钊五六岁时就能自己读书了，因而被称为"神童"。

1913 年 8 月，李大钊从天津北洋法政专门学校毕业。李大钊从小养成了忧国忧民的情怀，在校期间加入中国社会党，毕业后到北京参加中国社会党活动。这时，适逢中国社会党领袖陈翼龙被杀，社会党被取缔，李大钊不得不逃离北京，到家乡乐亭县祥云岛避难。

陈翼龙自幼反清，于 1901 年任上海《神州日报》记者，结识宋教仁，经宋教仁介绍又结识了孙中山和黄兴。1911 年 7 月，陈翼龙等人在上海成立"社会主义同志会"，不久更名"中国社会党"。陈翼龙主张"社会主义"无国界、无种族界、无宗教界、无男女界；一律平等、一概自由、一致亲爱；教育普及、财务均配、嫁娶自主、人人尽力于职业、人人受公众之保护、都能平均享有人生所最需要的衣食住三大要素。1912 年 7 月，陈翼龙赴北京建立"社会党"北京支部，发展党员 400 余人。接着，又在济南、烟台、奉天、张家口、太原、保定等地筹建支部，同时在京创办"法律出版社"、"世界语学会"、"北京新剧社"和"平民学校"，陈翼龙兼任平民学校校长。该校男女生兼收，一律免费，对贫寒学生还补助书籍笔墨费用。同年年底，李大钊来京，与陈翼龙结识后，参加了"中国社会党"。宋教仁在上海遇刺后，陈翼龙配合孙中山、黄兴反袁，准备在京津发动起义。袁世凯闻讯，立即下令取消"中国社会党"，并将陈翼龙逮捕。陈翼龙大骂袁世凯为窃国大盗，于 9 月 6 日惨遭枪杀，年仅 28 岁。

后来，李大钊得到天津绅士孙洪伊的资助，怀着一颗救国之心赴日本留学。到日本后，李大钊入东京早稻田大学政治本科学习。

1915 年，日本帝国主义提出灭亡中国的"二十一条"。李大钊积极参加留日学生的抗议斗争，他起草的通电《警告全国父老书》传遍全国。为此，他被誉为爱国志士。

1916 年李大钊回国后，到北京大学担任图书馆主任兼经济学教授，积极投身于正在兴起的新文化运动，成为新文化运动的一员主将。

1917 年俄国十月革命一声炮响，给中国送来了马克思列宁主义。俄国社会主义革命的胜利极大地鼓舞和启发了李大钊，他以《新青年》和《每周评论》等为阵地，相继发表了《法俄革命之比较观》、《庶民的胜利》、《布尔什维主义的胜利》、《我的马克思主义观》、《再论问题与主义》等大量宣传十月革命和马克思列宁主义的著名文章和演说，阐述十月革命的意义，讴歌十月革命的胜利，旗帜鲜明地批判改良主义，积极领导和推动五四爱国运动，成为中国共产主义先驱、我国最早传播马克思主义的人。

1920 年初，李大钊与陈独秀相约，在北京和上海分别活动，筹建中国共产党。

同年 3 月，李大钊在北京大学组织中国第一个马克思学说研究会，聚集了邓中夏、高君宇、张国焘、黄日葵、何孟雄、罗章龙等一批具有共产主义思想的青年知识分子，为建党做了充分的准备。

这年，李大钊在北京多次会见共产国际代表，商讨如何筹建中国共产党。

这年秋天，李大钊领导建立了北京的共产党早期组织和北京社会主义青年团，并与在上海的陈独秀遥相呼应，积极活动，扩大宣传，积极推动建立全国范围的共产党组织。

1921 年 7 月，中国共产党第一次全国代表大会召开，宣告中国共产党成立。从此，中国革命面貌为之一新。李大钊和陈独秀成为中国共产党的主要创始人。

中国共产党成立后，李大钊负责党在北方的全面工作，并担任中国劳动组合书记部北方区分部主任。在党的三大和四大上，李大钊都当选为中央委员。

1922 年到 1924 年初，李大钊频繁地奔走于大江南北，多次代表共产党与孙中山会谈，为建立革命统一战线呕心沥血，做了大量工作。

1924 年 1 月，李大钊作为大会主席团 5 位

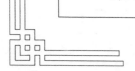

成员之一，出席了国共合作的国民党第一次全国代表大会，被孙中山指定为大会主席团成员，参加了大会宣言的起草工作，为实现国共合作做出了重要贡献，并当选为国民党中央执委会委员。此后，李大钊直接担负国共两党在北方的实际领导工作。

在李大钊领导的中共北方区委的组织和领导下，北方地区的反帝反封建斗争蓬蓬勃勃地开展起来了。

1924 年 11 月，北京开展了声势浩大的支持孙中山北上、反对北洋军阀政府的斗争。

1925 年五卅运动爆发后，李大钊与赵世炎等人在北京组织 5 万余人的示威，有力地支持了上海人民的反帝斗争。

1926 年 3 月，李大钊在极危险的情况下积极领导并亲自参加了北京反对帝国主义和北洋军阀的"三·一八"运动，号召人们用五四的精神、五卅的热血不分界限地联合起来，反抗帝国主义的联合进攻，反对军阀的卖国行为。

李大钊的革命活动遭到北洋军阀的仇视，

他们下令通缉李大钊。

1927 年 4 月 6 日，坐镇北京的奉系军阀张作霖在北京逮捕了李大钊等 80 余人。

在狱中，李大钊备受酷刑，但始终严守党的秘密。他大义凛然，坚贞不屈。

4 月 28 日，北洋军阀政府不顾社会舆论的强烈反对和谴责，将李大钊等 20 位革命者绞杀在西交民巷京师看守所内。

临刑前，李大钊慷慨激昂地说："不能因为反动派今天绞死了我，就绞死了伟大的共产主义，共产主义在中国必然得到光辉的胜利。"

接着，李大钊高呼："共产党万岁！"

李大钊英勇就义时，年仅 38 岁。

一个李大钊倒下了，千万个李大钊站起来。由李大钊为创建人之一的中国共产党有如星火燎原，在全国遍地开花，不但赶走了帝国主义侵略者，还解放了全中国。

李大钊牺牲后，灵柩多年停放在宣武门外的一座小庙里。6 年后，1933 年 4 月 23 日，李大钊的家属和许多社会知名人士为他举行了葬礼，将灵柩安葬于北京万安公墓。

那时，北京大学教授为李大钊葬礼捐款，一些社会人士也有捐助。

在北平地下党的安排下，李大钊出殡成了声势浩大的政治示威。送葬队伍最前面是用白纸黑字写的一副巨大挽联，上联是"为革命而奋斗，为革命而牺牲，死固无恨"，下联是"在压迫下生活，在压迫下呻吟，生者何堪"，横批是"李大钊先烈精神不死"。

李大钊虽然牺牲了，但后来的共产党人继承了他的事业，将中国共产党建成为世界上最革命、最强大、最成功的无产阶级革命政党。

中国共产党是朝气蓬勃、欣欣向荣的先进政党，不断发展壮大，正在造福于全人类。李大钊在天之灵，终于可以安息了。

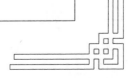

七、一切反动派，你不打它就不倒

反动派是不会自动下台的，不会自动让出政权的，你不打它就不倒，暴力是无产阶级革命的必然伴侣。

列宁在《国家与革命》中说："资产阶级国家由无产阶级国家（无产阶级专政）代替，不能通过自行消亡，根据一般规律，只能通过暴力革命。"①

---

① 《列宁选集》，第 3 卷，179 页，北京，人民出版社，1965。

毛泽东在《将革命进行到底》中说："敌人是不会自行消灭的。无论是中国的反动派，或是美国帝国主义在中国的侵略势力，都不会自行退出历史舞台。"①

（一）将革命进行到底

1949 年 1 月，人民解放战争已经取得了决定性胜利。毛泽东在接见雷洁琼、费孝通等民主党派人士时说："人民解放战争已经在全国范围内取得决定性的胜利，但是敌人是不会自行消灭的，已在玩弄反革命的两手，一手是继续组织残余的军事力量在长江以南负隅顽抗；另一手是策动中间势力在革命阵营内部组织反对派，极力使革命就此止步。"

---

① 《毛泽东选集》，第 4 卷，1379 页，北京，人民出版社，1964。

当时，民主党派与知识界中，的确有一些人主张"和谈"，希望共产党和国民党"划江而治"，造成"南北朝"的局面。

针对这种"中间路线"的错误主张，毛泽东分析了当时的形势，指出摆在中国人民与民主党派、人民团体面前的问题是将革命进行到底，除恶务尽，以免养虎遗患。要坚决、彻底、干净、全部地消灭一切反动势力，毫不动摇地推翻三座大山，建立中国共产党领导的、以工农联盟为基础的人民民主专政的共和国。如果使革命半途而废，那就是违背人民的意志，使国民党反动派赢得养好创伤的机会，在一个早上猛扑过来，将革命扼杀，使中国人民又回到黑暗世界。接着，毛泽东以蛇和农夫的寓言作比喻，告诉我们决不能怜悯恶人，要求民主党派必须选择自己应走的道路。

辽沈、京津、淮海三大战役结束后，蒋匪军主力已被歼灭，但蒋介石仍不甘心失败，在美国的策划下，一面与共产党假和谈，一面部署长江防务，企图凭借长江天险阻止解放军南下。

　　蒋介石以汤恩伯指挥的敌"京沪杭警备总部"所属 75 个师及其江防部队共计 45 万人防守长江下游，以"华中剿总"白崇禧所属 25 个师及江防部队共约 25 万人防守长江中段。这样，长江守敌总计约 70 万人。对此，有些人迟疑不决，不敢南下，过高地估计了敌人的力量。

　　在敌人拒绝和谈后，解放军响应毛泽东"将革命进行到底"的伟大号召，采取了"全线出击"的作战部署：第三野战军第七、第八、第九、第十兵团共 15 个军 65 万人和第二野战军第三、第四、第五兵团共 9 个军 35 万人，以及第四野战军第 12 兵团，共计 100 万大军准备在汉口、南京、江阴地段渡江，首先歼灭沿江防御之敌，夺取南京，解放汉口、南京、上海、杭州等大城市。其中，还有第三野战军第八、第十两兵团组成东集团，第七、第九兵团组成中集团，第二野战军三个兵团及第四野战军第十二兵团组成西兵团。

4月20日夜，中集团首先在裕溪口至安庆段渡过长江，将敌长江防线拦腰斩断。东、西集团同时于21日夜渡过长江。很快，4月23日解放了国民党首府南京，5月3日解放了杭州，5月17日解放了武汉，5月27日解放了上海。

在解放军的全线出击下，蒋介石苦心经营的长江防线被摧毁。解放军共歼敌9个军部、32个师、8个师大部，还有投诚、起义部队，共计43万余人，取得了渡江作战的辉煌胜利。

（二）痛打落水狗

在历史上，取得决定性胜利后停顿下来导致最终失败的事例不少，如秦末楚霸王项羽同刘邦争夺天下时，楚军虽占压倒优势，但由于项羽骄傲轻敌，追求宽容的美名，使得刘邦东山再起，最终将项羽打败，做了皇帝。毛泽东"宜将剩勇追穷寇，不可沽名学霸王"就是用了这个典故。

4月23日，人民解放军攻占南京时，毛泽东闻讯大喜，写下了《七律·人民解放军占领南京》的不朽诗篇，要全党全军"宜将剩勇追穷寇，不可沽名学霸王。"

毛泽东在人民解放战争中反复告诫全党绝不可轻敌，要勇于痛打落水狗。他在平津战役尚在进行时就曾指出："国民党政权是被我们基本打倒了。基本地打倒了国民党，不等于全部地打倒了国民党，中国尚有许多敌军待我们去歼灭，尚有许多地区待我们去占领和去工作。轻敌的观念无论何时是不应该有的，我们决不要使胜利冲昏自己的头脑。"

毛泽东识破了国民党的"和谈"阴谋，针锋相对地提出了国内和平的8项条件，在国民党政府拒绝签字后，我军一举突破长江防线，以风卷残云之势追歼逃敌，解放了除台湾岛之外的整个中国。

中国解放史有力地说明反动派你不打它就不倒，你一打，它就倒了。

八、无产阶级革命的重大影响

　　马克思说："劳动的解放既不是一个地方的问题，也不是一个民族的问题，而是涉及现代社会的一切国家的社会问题，它的解决有赖于最先进各国在实践上和理论上的合作。"①

　　列宁说："资本是一种国际的势力。要战胜这种势力，需要有工人的国际联合和国际

---

　　①　马克思：《协会临时章程》，见《马克思恩格斯全集》，第 16 卷，15－16 页，北京，人民出版社，1958。

友爱。"①

（一）十月革命的重要影响

1917 年 11 月 7 日（俄历十月二十五日），俄国无产阶级和劳动人民在无产阶级伟大革命导师列宁和布尔什维克的领导下，用暴力推翻了地主资产阶级的反动统治，建立了世界上第一个无产阶级专政的社会主义国家。

这场十月革命改变了整个世界历史，开辟了无产阶级世界革命的新时代。

在十月革命的影响下，出现了无产阶级世界革命的高潮，在西方和东方的许多国家里爆发了无产阶级反对本国资产阶级统治和殖民地半殖民地人民反对帝国主义压迫的革命运动。

① 列宁：《为战胜邓尼金告乌克兰工农书》，见《列宁全集》，第 30 卷，260 页，北京，人民出版社，1958。

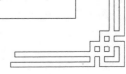

　　十月革命是人类历史上第一次胜利的无产阶级革命，建立了第一个无产阶级领导的国家，开辟了人类探索社会主义道路的新时代，使马克思列宁主义传遍世界，极大地震撼了资本主义世界。

　　十月革命向全世界宣告崭新的社会制度由理想变为现实，在人类历史上第一次消灭了剥削和压迫的不平等社会，建立了公平正义共同富裕的美好社会。

　　十月革命沉重地打击了帝国主义的统治，极大地鼓舞了国际无产阶级革命运动和殖民地半殖民地被压迫民族的解放运动，对整个人类社会的发展产生了巨大的影响。

　　十月革命引起了深刻的震撼，打断了帝国主义链条，开辟了人类历史的新纪元。苏联社会主义革命和亚非民族解放运动一起融汇成一股新的不可抗拒的历史潮流，深刻地震撼着世界资本主义体系。

　　在十月革命的影响下，德国、匈牙利先后建立了无产阶级政权。

在十月革命和战后革命运动高涨的形势下，共产国际应运而生。共产国际在组建革命政党、推动国际社会主义运动中发挥了重要作用。

由于受十月革命的影响，战后民族解放运动进入了新时代，由资产阶级世界革命的一部分发展为无产阶级世界革命的组成部分。西方无产阶级革命运动冲击了帝国主义的统治中心，东方民族解放运动动摇了帝国主义统治的后方。

共产国际在东、西方反帝斗争中起了桥梁作用，提出"全世界无产者和被压迫民族联合起来"的口号。

东方民族解放运动配合了西方无产阶级革命运动，成为反帝斗争的同盟军，打击了资本主义体系与殖民体系。

第一次世界大战结束后，帝国主义战胜国重新瓜分殖民地，造成殖民地半殖民地国家同列强之间的矛盾进一步激化。十月革命为战后的民族解放运动创造了有利的国际环境。

亚非的民族解放运动出现高涨的新局面，呈现出多种类型和不同发展道路的新特点。

印度、土耳其民族解放运动都是在"一战"和十月革命的影响下发生的，领导者都是本国的民族资产阶级，在斗争中人民群众都发挥了主力军的作用。印度是反对英国殖民当局的高压政策，土耳其是反对协约国帝国主义对土耳其的瓜分。印度是英国的殖民地，它进行的是反帝斗争；土耳其是半殖民地，在反帝的同时还进行反封建斗争，即反对苏丹政府的斗争。印度主要是实行非暴力不合作的反抗斗争，土耳其进行的是武装斗争。印度的反帝斗争最后走向低潮，而土耳其取得了民族独立，开始了历史发展的新阶段。在民族独立战争中，土耳其民族英雄凯末尔领导土耳其人民对帝国主义侵略采取了彻底的不妥协的态度，反封建斗争也很彻底。凯末尔的正确领导得到了人民群众的拥护和支持，终于废除了苏丹制度，结束了帝制。

（二）十月革命的胜利对中国的影响

十月革命胜利的消息传到中国后，中国人民立即行动起来。

十月革命的胜利使中国人民受到了极大的鼓舞，看到了中华民族解放的希望。

十月革命取得伟大胜利和俄国苏维埃政府宣布废除帝俄政府同外国订立的压迫别国的不平等条约的消息传到中国后，在中国人民中产生了极大的反响。

十月革命爆发后的第三天，即 11 月 10 日，上海《民国日报》在要闻专栏内以《突如其来之俄国大政变》为题，报道了"彼得格勒戍军与劳动社会已推倒克伦斯基政府"的消息。

消息传出，中国人民奔走相告：工人阶级和主要是出身于农民的士兵在俄国掌握了政权，成立了"劳兵政府"。这个政府和迄今世界上任何政府都不同，它实行"最激烈之纯粹社会主义"。

中国人民从十月革命中获得了新的希望，开滦煤矿的工人希望"工人之国"早日到来；中国革命民主主义者孙中山对十月革命表示了真挚的欢迎。

孙中山领导下的《民国日报》在 1918 年元旦发表社论说："吾人对于此近邻的大改革，不胜其希望也。"

1918 年夏，孙中山致电苏俄政府和列宁庆贺他们的成功，并"希望中俄两国革命党团结一致，共同奋斗"。

十月革命后，中国的先进知识分子立即行动起来，开始学习、宣传和研究十月革命和马克思列宁主义，从而在中国出现了第一批具有初步共产主义思想的知识分子。

中国共产主义的先驱者李大钊积极响应，在 1918 年 7 月、11 月先后发表了《法俄革命之比较观》、《庶民的胜利》、《布尔什维主义的胜利》等论文。在这些文章中，李大钊阐述了俄国十月革命和法国资产阶级革命的区别，指出了十月革命的伟大历史意义，他说"俄罗斯之革命是 20 世纪初期之革命，是立于社会主义上之革命"，它"非独俄罗斯人心变动之显兆，实 20 世纪全世界人类普遍心理变动之显兆"。十月革命是"20 世纪中世界革命的先声"，"世界人类全体的新曙光"。"由今以后，到处所见的，都是布尔什维主义战胜的旗。到处所闻的，都是布尔什维主义的凯歌的声。""试看将来的环球，必是赤旗的世界。"

十月革命使中国的先进知识分子看到了工农劳动群众的伟大力量，因而他们开始改变对人民群众的看法，逐渐认识到要真正改变中国社会的现状，必须发动广大的工农群众起来进行革命斗争。

李大钊在《布尔什维主义的胜利》等文章中指出军阀、官僚、贵族等一切旧势力都将在群众运动的潮流中被淹没。李大钊初步提出了知识分子同劳动群众相结合的思想，指出要改造中国社会，"非把知识阶级与劳工阶级打成一气不可"。他号召革命知识分子到最受压迫、生活最痛苦的工农群众中去进行宣传和组织工作，培植革命力量。

十月革命使中国知识分子认识到了人民群众的伟大力量和群众运动的重要性，一部分小资产阶级知识分子和资产阶级知识分子在对劳动人民的看法上也有所改变。1918年3月，在中国第一次出现了以《劳动》命名的杂志。同年11月，著名资产阶级教育家蔡元培在一次集会的演说中喊出了"劳工神圣"的口号。

十月革命这一群众革命斗争的方式吸引和感染了中国人民，人们感到要摆脱被压迫的屈辱生活和拯救国家的危亡，必须由人民自己起来直接解决。陈独秀看到了发动群众进行直接斗争的必要性，在1919年初发表了《除三害》一文。他大声疾呼，号召国民起来去同危国害民的军阀、官僚、政客做斗争。《每周评论》强调人民自己起来采取直接的行动，主张"叫民众亲自解决政治问题"。

十月革命的胜利对中国革命最深刻的影响，是给中国人民送来了马克思主义，帮助中国的先进分子用无产阶级的宇宙观作为观察国家命运的工具，重新考虑自己的问题。

十月革命的胜利显示了马克思列宁主义的伟大力量，中国人民从十月革命的光辉实践中找到了马克思列宁主义这个最锐利的思想武器。

马克思列宁主义从 1918 年在中国开始传播开来，李大钊连续发表文章宣传十月革命和马克思列宁主义。1918 年 11 月，他在解释什么是布尔什维主义时说："他们的主义，就是革命的社会主义，他们的党，就是革命的社会党，他们是奉德国社会主义经济学家马客士（马克思）为宗主的。"

李大钊组织"马客士主义研究会"，带领一些进步青年学习和研究马克思列宁主义和俄国革命。1919 年 4 月 6 日出版的《每周评论》第 16 号上摘译了《共产党宣言》，并在文前的按语中说："这个宣言是马克思和恩格斯最先最重大的意见……其要旨在主张阶级战争，要求各地的劳工联合。是表示新时代的文书。"有些报刊还先后发表过马克思、恩格斯、列宁的传记材料。通过这些报刊的介绍，使中国人开始对无产阶级的伟大导师马克思、恩格斯、列宁和他们的学说有了初步的了解。

毛泽东说："十月革命一声炮响，给我们送来了马克思列宁主义。十月革命帮助了全世界的也帮助了中国的先进分子，用无产阶级的宇宙观作为观察国家命运的工具，重新考虑自己的问题。走俄国人的路——这就是结论。"

紧步苏联之后，中国无产阶级革命在中国共产党和毛泽东的领导下，取得了辉煌的胜利，建立了新中国。

中国无产阶级革命的成功同十月革命一样，对世界的影响也是极其深远的。

无产阶级革命成功后，中国的发展为世界和平做出了重要贡献。中国的和平发展使世界局势更加稳定，使世界和平更有保障。

九、无产阶级革命不会是一帆风顺的

马克思说："如果斗争只是在有极顺利的成功机会的条件下才着手进行，那么创造世界历史未免就太容易了。"[1]

列宁说："他们从来没有忘记，只有永远记住最终目的，只有从总的革命斗争的观点来评价每一个前进步骤和每一项个别的改革，才能够保证在前进的路上不致失足和不犯可耻的

---

[1] 马克思：《致路·库格曼》，见《马克思恩格斯书信集》，289 页，北京，人民出版社，1962。

错误。"①

（一）东欧剧变、苏联解体

第二次世界大战在欧洲结束后，联手打败德国法西斯的英、美、苏等国渐渐分裂为两大阵营。

1949 年，美国主导的军事联盟北约成立，大力扶植反苏政权。

另外，苏联加强其对东欧各国的军事占领，推行共产主义并扶植亲苏的共产党政权。1955 年，以苏联为首的军事联盟华沙公约组织成立，除南斯拉夫外，所有东欧国家都加入了。

以苏联为首的社会主义阵营在东欧正式结

---

① 列宁：《地方自治局的迫害者和自由主义的汉尼拔》，见《列宁全集》，第 5 卷，57 页，北京，人民出版社，1958。

成军事联盟后，美苏两国之间的政治集团于欧洲展开全面对峙，历史进入"冷战时期"。

冷战后期，东欧各国在各方面的矛盾日益突出，终于爆发了东欧剧变。

东欧剧变最先在波兰出现，后来扩展到民主德国、捷克斯洛伐克、匈牙利、保加利亚、罗马尼亚等前华沙条约组织国家。

1991 年，紧步东欧剧变之后，苏联也像东欧国家一样发生了剧变，解体了。

苏联共产党在拥有三十五万多名党员的时候，取得了十月社会主义革命的胜利，并执掌了全国政权；在拥有五百多万名党员的时候，领导人民打败了不可一世的德国法西斯，为结束第二次世界大战立下了不朽功勋；而在拥有近两千万名党员的时候，却丧失了执政地位，亡党亡国了。

苏东如此剧变，这是为什么呢？

原因归纳起来主要有两种：

一是外因，即以美国为首的西方世界推行的"和平演变"政策。

西方国家以贷款、贸易、科技和意识形态渗透等多种手段诱压东欧国家，促使它们向西方靠拢，向资本主义"和平演变"。

第二次世界大战结束后，以美苏为首的两大军事集团在欧洲对峙，双方都拥有把对方摧毁几次的核打击力量。这种军事现实使西方国家认识到这是一场谁也打不赢的战争，没有胜利者。既然用军事手段难以摧毁东欧社会主义政权和社会制度，便采取了"和平演变"的手段，在民主、自由、人权的旗号下，从政治、经济、文化等各个领域对社会主义国家进行干涉、颠覆和渗透。进入 80 年代，东欧各国普遍遇到了经济困难。于是，西方国家便通过经济援助逐步引其上钩。1983 年 10 月瑞典把诺贝尔和平奖授予了波兰团结工会领导人瓦文萨。美国"争取民主基金会"向波兰团结工会每年固定捐款 40 万美元。1987 年，美国议会向团结工会每年提供津贴 100 万美元。1988 年，美国议会又向团结工会提供 500 万美元作为工会的活动经费，给团结工会会员发工资。

1989 年，布什说要"以西方的援助来促进和奖赏共产党国家的政治多元化和自由市场经济的发展"，"谁同我们站在一起，谁就会得到支持"。1989 年 7 月 11 日至 13 日，布什访问波兰和匈牙利。布什在访问时说，为了加速波兰走自由企业制度和民主社会进程，美国将援助波兰 10 亿美元。8 月下旬，当团结工会主要领导人之一的马佐维耶茨基担任波兰总理以后，美国和西方国家又表示给予新的经济援助。欧共体提供了 8300 万英镑的食品，英国提供了 2500 万英镑的现款，日本、加拿大对其他东欧国家，如匈牙利、罗马尼亚、民主德国等也程度不同地给予了经济上的援助，以便拉他们倒向西方一边。

除经济上援助以外，西方国家在政治、文化上也对东欧国家加紧渗透，通过所谓的文化交流，向东欧兜售西方的社会观、政治观、人生观和价值观，借此抵消马克思主义，否定社会主义，以便达到"和平演变"的目的。

1989 年 9 月，苏联的亲西方党内高官叶利钦访问美国时，惊叹资本主义的成就，发誓要学习美国 200 年的民主和市场经验。他说："我领略了什么是'资本主义'，原来它并非是苏联的敌人和可怕的恶魔，而是摆满货架的罐头和高速灵敏的电脑。"为此，身为苏共高官的叶利钦在美国的拉拢下，决心与社会主义决裂，与苏共分道扬镳。

二是内因，社会主义国家的党的建设出现根本性的失误，使社会主义国家建设出现弊端。

在经济上，东欧大多数国家发展缓慢，改革成效不大，同西欧国家的差距越来越大。经济困难导致经济危机，诱发了政治危机和民族矛盾。在政治上，由于严重破坏了民主和法制，东欧各国的党和政府脱离了群众。党在几十年的社会主义建设中历经波折，几乎没有安宁过。

东欧各国在党的自身建设出现了根本性的失误，党的队伍过于庞大，在全人口中占比例很高，一般都达到 10％，有的甚至高达 20％。

党员人数虽然增加了，而素质却下降了。因为国家由党执政，好多人认为入党是作官的资本，于是好多不够条件的人纷纷挤入党内。他们根本不懂马列主义，也不加强政治学习。党员的政治教育放松了，甚至取消了。党员混同于一般老百姓，有许多党员甚至不如老百姓，党的形象被严重破坏了。与此同时，党的领导人的选择也降低了标准，素质大大下降。从苏东剧变的情况可以看出，它们有一个共同的特点，就是党的领导人主动放弃共产党的领导，竟主张实行多党制。另外，党的干部，特别是领导干部搞特殊化，享受特权，腐化的现象十分严重，破坏了党的自身建设。例如，原民主德国执政党最高领导人昂纳克，连同他的妻子、儿子、女儿都是党的高级干部，一人当道，鸡犬升天。匈牙利的卡达尔虽然清廉，但周围的人都搞特权，腐化现象严重，从未纠正。东欧国家高级领导层中，家长作风和专制主义十分严重。民主德国的物价问题暴露出来后，上下一致要求改革，但昂纳克只说了一句

"物价问题不能动"，一切再好的设想和建议都没有采用，结果酿成了大祸。波兰许多老党员评价他们历届领导人说"有不同的优点"，但"有共同的缺点"，就是"集中有余，民主不足"。罗马尼亚更为严重，党的领导人齐奥塞斯库任人唯亲，自己是党的总书记，夫人是政治局常委，二把手，子女亲友把持了重要部门，夫妻政治，家天下。他搞一言堂，独裁专断，一意孤行。1989 年 12 月 22 日，齐奥塞斯库召开党政军领导人会议，要镇压群众，因国防部长拒绝执行命令，齐奥塞斯库将他枪决了，结果参谋长和一批军官转而反对齐奥塞斯库，把他也枪毙了。接着，走上了彻底造反的道路。党员、党干部素质下降，是引起国人不满、导致剧变的重要原因。

戈尔巴乔夫的改革给东欧国家"松绑"，他的建设"人道的、民主的社会主义"纲领和对外政策的"新思维"导致各国党内部思想混乱，推动了东欧各党的改组、分裂和蜕变。戈尔巴乔夫的思想，以及苏共关于多党制的主张，与东欧各国党的主张是一致的。意识形态和政治实践上的一致性，使苏共对东欧剧变采取了支持的态度。东欧是苏联红军解放的，斯大林是苏联红军的元帅，他命令红军消灭了东欧的反动政权。在这个基础上，东欧大多数党的领袖是坐着苏联红军的坦克回国执政的。长期以来，东欧各国都看苏联的眼色行事，与苏联的关系如何，有时甚至成为他们能否继续执政的决定性因素。斯大林时代和勃列日涅夫时代，苏共对东欧严格控制，曾引起东欧各党的强烈不满。戈尔巴乔夫上台以后，苏东关系开始松动，戈尔巴乔夫多次对东欧的改革表示支持。当东欧一些党提出实行多党制主张时，戈尔巴乔夫表示赞同。苏共的支持和赞同使东欧各党毫无顾忌，放手大干，背离马列主义。当苏共自己也主张实行多党制以后，东欧更是欢欣鼓舞，越走越远，以至于连政权都丢了。因此，有人说这是欢乐的一跳跌进了深渊。综上所述，苏共指导思想和对东欧国家的态度也是东欧剧变的重要原因。

　　以上原因中，第一种原因不容忽视。以美国为首的西方手中握有的强大的物质财富，正如马克思所说："刺刀尖碰上了尖锐的'经济'问题会变得像软绵绵的灯芯一样。"恩格斯明确指出："资产阶级的力量全部取决于金钱。"列宁曾说美国威尔逊之流"美元多得很，可以把整个俄国、整个印度以至整个世界都买下来"。列宁还指出敌人的收买是整个问题的症结所在。

　　马克思、恩格斯和列宁的这些论述令人深思，一定要提高警惕。

　　西方强国不仅用金钱收买本国的工人领袖和工人贵族，而且更加注重收买其他国家的关键人物，收买的方式是多种多样的。

　　美元对苏联特殊阶层的贿赂在苏联解体、苏共垮台中起了相当重要的作用，西方的吹捧和收买是戈尔巴乔夫和叶利钦彻底背叛苏联社会主义事业的动力之一。戈尔巴乔夫和叶利钦之流在苏共党内的出现，也是以美国为首的整个西方世界收买的结果。戈尔巴乔夫和叶利钦之流是靠出卖国家、民族和人民的根本利益的方式而非法占有了国家、民族和人民的劳动果实的。

（二）加强党的建设，提高拒腐防变的能力

我们必须始终坚持以马克思主义为指导思想的无产阶级革命理论，高度重视党的思想理论工作。恩格斯说过这样两段名言："一个民族想要站在科学的最高峰，就一刻也不能没有理论思维。""蔑视辩证法是不能不受惩罚的。"

对于一个党、一个国家和一个民族来说，理论太重要了。理论正确，党就坚强，政策就正确，思想就统一，经济就发展，社会就稳定。反之，党便涣散，政策便失误，思想便混乱，经济便停滞甚至倒退，社会便动荡。没有革命的理论，便没有革命的运动。

我们必须坚持马克思主义的无产阶级革命

理论，从一个胜利走向一个胜利。

我们一定要有坚定正确的理想信念。我们所说的理想信念，是指不单在马克思主义和社会主义运动蓬勃发展时，更要在其十分困难时，看到它的生命力，看到它必然的发展趋势和光明的前途。对马克思主义的信仰，是中国革命和建设的一种精神动力。什么是信仰？信仰决不是一种空洞的说教和理论，它是被一种理论所征服，不管遇到任何艰难险阻，依然自觉自愿、斗志昂扬、一往无前、义无反顾地去为之奋斗，这才叫信仰。

苏联解体后，针对马克思主义失败的论调，邓小平斩钉截铁地说："不要惊惶失措，哪有这回事！我坚信，世界上赞成马克思主义的人会多起来的。"这就是信仰。有没有信仰，大不一样。一个人失去了信仰，极有可能害人害己。

实践证明，当世界范围内的社会主义思潮、理论、运动和制度处于高潮时，人们对社会主义革命的长期性、复杂性、曲折性往往估计不足，急于求成甚至盲目乐观；反之，则往往容易信心不足，悲观失望。这就需要认真学习马克思主义基本理论，真正认清人类历史发展规律，千万不要以为马克思主义过时了。

人生不过两件大事，一是认识世界，二是改造世界。要改造世界，认识世界是前提。这就必须加强对马克思列宁主义、毛泽东思想、邓小平理论、"三个代表"重要思想和科学发展观的认真学习，从而对人类历史发展规律有正确的把握。①

---

① 参考《马克思恩格斯列宁斯大林论无产阶级革命》，1版，北京，人民出版社，1964。

MA LIE ZHU YI CHANG SHI GONG MIN DU BEN

参考文献

[1]《为无产阶级政党的革命路线而斗争》，解放社辑，1949 年 6 月第一版。

[2] 列宁：《无产阶级革命与叛徒考茨基》，解放军出版社，1950 年 1 月第一版。

[3] 列宁：《论无产阶级在这次革命中的任务》，外文书籍出版局，1953 年出版。

[4] 人民日报编辑部：《无产阶级专政的历史经验》，人民出版社，1957 年 4 月第一版。[5] 人民出版社总编室：《马克思恩格斯列宁斯大林论无产阶级革命》，人民出版社，1964 年 8 月第一版。

[6]《论无产阶级革命的夺权斗争》，人民出版社，1967 年 2 月第一版。

[7] 章士嵘等：《无产阶级专政学说史》，吉林人民出版社，1981 年 2 月第一版。

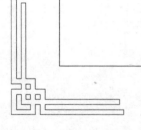